U0932561

黎晶文集

男儿河

黎晶 著

译林出版社

目 录

纪委小干部

纪委小干部欲伸张正义却又无处不受官场潜规则的掣肘，他在矛盾和尴尬中不知如何才能履行好自己的责任。官员出身的作家黎晶的小说创作，总是将自己的阅历优势转化为创作优势，以自己的特有视角敏锐地洞察现实中的人生和官场中的奥秘，读来让人久久回味……

一

吴语像贼一样借着夜色溜出了县委陈旧的宿舍楼。他靠墙根定了定心神，左右张望，看了看马路上稀疏的人影，确认不会遇到熟人之后，这才沿着路灯僵死的光线，伴着双脚踩在雪地上发出的哧哧的声响，匆匆地消失在黑暗中。

凄冷的大街上没有了人影，连狗都躲了起来。这么冷的天，正是在家喝酒打牌的时辰，谁还出来逛大街？出来的肯定是串门子，那也一定是有急事情。要不就是到领导家送礼的。吴语越琢磨心里越不是个滋味，要不是老婆催得紧，家里老的老小的小，愁得他一天上不好班，他这个县纪委一室的主任，怎能干这种事情？他最瞧不起给领导送礼的人，可今天自己确实又是去送礼，扮演着一个不光彩的角色，一旦被别人看见，明天再给犯了错误的同志上课说教，那不等于鱼刺卡在嗓子眼上？

吴语舍近求远，绕了一个大圈子之后，全身都冻透了，这才转回身来到县教委宿舍楼小区门口。这是几栋崭新的现代化装饰的小楼，县委书记说，这是重视教育的最好体现。吴语无心欣赏，内心多少却产生了一股怨恨，恨谁呢？难道纪委的干部就应该住上个世纪留下的不遮风雨的筒子楼？

吴语低着头，照直走了进去。

“站住，请出示你的证件。”一个保安挡住了捂得严严实实的吴语。

“什么证件？到教委家属楼访个朋友，串门亲戚也要什么证件？”

“这是教委张主任的规定，春节将至，来人登记，说是按县纪委的通知要求，今年过年不收礼。”

吴语听完心头一震，觉得这个保安和教委的干部一样的有文化，说起话来有条不紊，好像是专门冲着他吴语来的，甚至还带有那么点挖苦、讥讽。他立刻感觉到脸上一阵发热，双手不自觉地将裹在皮大衣里的两条中华牌香烟往腋下塞了塞，小声说道：“我是县纪委一室的主任吴语，通知是我起草的，今晚找张清河主任有工作谈，约好的，还要出示证件吗？”

吴语在一个农民工面前说了谎言。

“唉，你不是说上亲戚朋友家串门的吗？”这个操河南口音的保安还是个一根筋。

“废什么话，我和清河主任是朋友，这有区别吗？”吴语面对这样一个打工仔的奚落有些愤怒，声音提高了许多，也许是为了压住内心的空虚。

保安借着警卫室门灯的光亮，看了看干部模样又两手空空的吴语，没敢再吱声，真怕惹着了个横主，吃不了兜着走，见好就收。他挥了一下手，放吴语进了停满汽车的小区。

吴语照着妻子杨青打探出的单元门牌号，来到一单元的门口。楼道里的灯是声控的，心虚让他变得蹑手蹑脚，慢慢地爬上了三楼。301 室没错，他定了定神，然后弯下了腰，解开了沾着雪垢的皮鞋鞋带，从大衣兜里掏出一双上午在华联商城新买的塑料拖鞋，换上之后，这才轻轻地按了按张主任家的门铃。

一曲熟悉又叫不上名字的音乐响过后，门灯亮了，门却没有打开，屋里的主人一定在门镜里窥视着自己。吴语突然感到一股焦躁，冰冷的身体开始炽热，脸又烧了起来……

门开了，教委张主任稀疏的头发，白皙的脸庞，慈眉善目，一看就是个领导干部，但在那充满文气的脸庞上吴语还是察觉出，那双深邃的眸子里，闪出一丝丝冷峻，或者说是霸气。

“你是？”张清河并不认识吴语。

“我是县第五小学副校长杨青的爱人……”没等吴语介绍完，张主任清冷的脸上立刻就堆满了笑容：“知道，知道，纪委查案件的高手，吴语，对，吴主任，快请进，快请进！”

吴语穿着那双刚刚上脚的新拖鞋，踏着光亮洁净的木地板走进了张主任温暖的家。那双沾满积雪的大头皮鞋被丢在了门外。

张清河的爱人客气地端来了一杯热茶，顺手从茶几上那盒拆了封的精制软包红中华牌香烟盒里取出了一支递给了吴语：“请抽烟吧，俺们家清河随和，不限烟。”

女主人回过头看了一眼张主任：“来，清河，你也陪吴主任抽一根。”

张主任坐在了与吴语并排的沙发上，把妻子递来的中华牌香烟又重新装回到烟盒里，他从自己睡衣的口袋里摸出了一白色包装没有商标的烟盒，他一边从中抽出一支，一边对吴语说道："小吴呀，我就这样称呼你了，这样显得亲切，叫官职就显得外道了不是。"

"行啊，张主任，叫什么都行，您是前辈嘛。怎么，你不抽中华……"

"唉，中华谁抽得起呀？那是招待像你们这样的客人的。"

吴语细细地品尝着这支软软柔柔带着香气的中华香烟，细细品味着眼前这位外界传说中只抽中华香烟的霸道的教委主任。妻子杨青的事什么时候说，这两条花去一月工资的香烟什么时候拿出来，这对吴语来说还需要勇气，还要把握好时机，在这方面，吴语太没有经验了。烟都买了两个星期了，再放就干了，没有办法，在妻子的逼迫下，在那句自己从没有验证过的"官不打送礼的"真理的寄托下，即使事儿办不成，也不会有什么不好的结果吧，吴语硬着头皮来了。

两人对默，两支香烟腾云驾雾，女主人连忙打开了窗户上的通气孔。

和善的张清河打破了短暂的寂静，他说话了："小吴啊，俗话说无事不登三宝殿，教委是个穷衙门，三宝殿一样也挨不上……唉，对了，小吴，你知道这三宝殿都是哪三宝呀？"张清河把到嘴边的话岔开了。

吴语还真被问住了，这常挂在嘴边上的话，还真不知道出处。教委嘛，是有学问的地方，为人师表，吴语也就不班门弄斧了。

张清河显得很高兴，他把那支只抽了两口的烟卷掐灭了，丢在了烟灰缸里。喝了一口紫砂手把茶壶里谁也看不清的茶说："这三宝殿我还真查过字典和辞海，均没有找到过答案，最后是一位庙堂里的高人告诉我，这三宝为：人、经、堂。人就是僧房，和尚寝居之地；经就是藏经阁，经书藏放之处；堂即拜佛烧香做法事之堂，即大雄宝殿，这为三宝殿。俗人只能到一宝，大雄宝殿，僧房和藏经阁是不容纳外人的。”

吴语听完佩服，这位张主任还真有学问，这个故事放在这样一个火候上来讲，确又显得暗藏玄机，有点意思。

吴语把那支快要燃到手指头的烟蒂掐灭，装出一副很认真的样子说：“听了张主任一席话，胜读十年书啊，看来这句话应该改一改了，叫作无事不登一宝殿了，登殿之人大凡是有事所求、烧香拜佛嘛！”

张清河听完哈哈大笑起来，他站起身子往前走了几步之后，突然又回头来对吴语说：“吴主任，驾临寒舍也有事求？但我既无佛身，也无佛心，一介教书之匠，不误人子弟就算烧高香了。”

话已至此，吴语觉得是该拜佛了，他也站起身来，不承想那两条中华牌香烟从短大衣里掉了下来，把他计划好的程序全部打乱了。

张清河眼睛一闪，指着掉在沙发上的两条香烟说道：“小吴，你这是？”

吴语的脸红了，语言有些结巴，好在他反应灵敏：“我，我这是烧香来了。”他接着刚才的话茬找了一个台阶。

“吴主任有求我这样一个穷和尚？那好，不妨说出来。”

“张主任见笑了，俺媳妇杨青逼得紧，我一天在外查案子不着家，上有父母二老，下有上小学的女儿，杨青的第五小学又远在乡镇，这……”

“别说了，别说了，我这教委主任失察呀，杨青打过请调报告，小教科犯了官僚主义，给退了回去，他们不知你们家里的实际困难。我狠狠批评过他们，今天上午已经讨论通过了，调杨青到全县重点小学一小任副校长，这也是对县纪委工作的支持嘛！”张主任一口气没喘连珠炮般将截过的话茬说完。

吴语的脸红了，这回是激动的、感动的。谁说不送礼、不花钱就办不成事了，这是小人之心，度君子之腹。他不由自主给张主任鞠了一个躬说："哎呀，让张主任费心了，叫我说什么好？我代表俺的全家谢谢了。我告诉杨青一定要好好工作。那，那我告辞了，客走主安，这两条香烟既然自己走出来了，就让它完成它的使命，一炷高香，不成敬意，佛堂之上，就算许了个愿，万望收下。"

"小吴，把烟拿走，我张清河这里办事从不用烧香，心诚则灵嘛。拿走，拿走，不然惹气佛主可要收回成命的。"张主任说完给女主人使了个眼色，张主任的媳妇连忙把茶几上的两条香烟重新塞回到吴语的大衣里，两人左推右挡了几个回合，吴语见张主任两口子态度坚决诚恳。唉，不能违了主人之意，也只好把烟收了回去。

二

吴语一喜接着就是一愁。纪委书记王直是县委常委，他交办的案子一般都是涉及正科级以上干部的，也肯定是县委李峰书记亲自点过头的、批准过的。不然是不会轻易叫他们这一级干部知道的。两位书记常挂在嘴边上的一句话："县纪委不光是处理干部，更重要的是保护干部，能不查的案子尽量不查，要查的也是逼到了份上！"吴语想，干部之间总有往来，三亲两厚，牵肠挂肚，这就是老百姓常说的官官相护的原因吧。

吴语从王直书记办公室回到家里，妻子杨青已把一桌丰盛的饭菜热了又热。自从老婆从农村回城后，他从没有吃过冷饭，每餐凉盘、热炒搭配，虽然没有大鱼大肉，这已让过去又当爹又当妈的吴语万分满意了。

"这么晚，又有案子？"杨青一边帮助丈夫脱去冒着凉气的皮大衣，一边关切地问候。紧锁眉头的吴语没有回话，径直走到饭桌子边坐下。他伸了一个懒腰，和往日一样无精打采地端起了碗。

“嘿，你着什么急呀！今晚咱爷俩可得喝上两口，要不然瞎了你媳妇做的这一桌好菜。”老岳父杨得福说话了。

吴语抬起头来，这才发现桌子上多了一个平日里没有的酒杯。他又重新注视了自家掉了角的旧饭桌，忽然眼前一亮，今天这是什么日子？一条红烧大鲤鱼一切两半，分别放在两个盘子里，然后对拼在一起，放在了桌子的正中央。家里没有购置过鱼汤盘，聪明的媳妇仍然让这条足有四五斤重的大鱼保留住它特有的身段。

“哪来的这么条大鱼？冰天雪地的这鱼可就太金贵了，杨青，这是怎么回事呀？”吴语搁下了碗筷。

“俺姥爷拿回来的，没抢没偷，爸爸是不是犯了职业病？全家都等着你剪彩呢！”女儿吴语赞说话了，她几次想吃一筷子，都被妈妈拦下了，说要等着爸爸回来。

“吴语，孩子说的没错，是我买的，杨青调回城里，一家人团聚。今后这日子更会有滋有味的。今天我还听说，你们县纪委要提拔一个副书记，你是一室主任，当然的候选人。这高兴的事扎堆呀，弄条鱼庆贺庆贺！”

杨青瞟了一眼吴语说：“爸说的没错，你提升的事还是俺教委张主任下午打电话告诉我的，吃饭吧。”

吴语心里咯噔一动，这小道消息这么快就传到了家里，这八字还没有一撇，就先庆贺，这不叫自作多情吗？他还想说些什么，但又怕扫了大家的兴。他对岳父的孝敬可是没挑没拣，虽然他觉得这条鱼肯定有些来头，绝不是自己的职业敏感，算了，吃完饭再说。想到这里，他端起了岳母斟满的酒杯，和岳父大人碰了一下便一饮而尽。

杨青站起身来，夹了一块那条大鱼脊背上鲜嫩的白肉，放在了丈夫的饭碗里。

吴语连忙也站起身来，夹起了两块又肥又软的鱼肚囊分别放在了岳父岳母的碗里，他知道杨青最爱吃鱼头，这玩意补脑，自然这当朝一品的鱼头就归了媳妇。女儿早就谁也不顾地大吃起来。吴语缺嘴，好长时间没有闻到鱼腥了，不是县纪委寒酸到没人请客，若要想吃整天都能围着饭桌转，可是他一概推辞，宁愿亏了自己。吴语两杯酒落肚之后，饭桌子上的气氛便活跃起来。

平日里寡言的杨得福今天也显得格外高兴，他冲着自己的贤婿打开了话匣子。“吴语呀，你刚才不是问这条鱼吗？俺就告诉你，这是老天有眼呀！”杨青见状连忙扯了父亲一把，不让老人过早地将这条大鱼的秘密揭露出来。

老人借着酒力燃烧的兴奋，谁也挡不住了。吴语也忘记了纪委王书记带给他的烦恼，一个劲地催老爷子把这条大鱼的来历讲清楚。他从小就养成了一个爱刨根问底的毛病。

杨得福一辈子遇到的最大惊喜就算是今天清晨了。

早晨五点钟天还没亮，杨得福照旧是第一个来到县环卫局卫生大队，看门的老刘准点打开院门的大锁，然后就钻回房里继续睡他的回笼觉。

杨得福在卫生队干了几十年，春夏秋冬风雨无阻地清扫三街的垃圾。三街马路的南北两侧星罗棋布地立着几个机关单位、家属宿舍，它们相互并不衔接，空场之处几个生铁焊造的垃圾箱歪斜地仰卧在路边的道沟旁。杨得福对这项工作的冬季操作十分熟练，他用铁锤敲击铁箱，使冰冻的垃圾和箱板分离，然后将道旁散落的冰垢铲回箱内，再将周边清扫干净，只待天一放亮，大卡车把垃圾箱吊起，再把垃圾坨翻进斗内。杨得福帮助吊臂卸下铁箱就算完成了任务。时间一长，附近的居民只要听到敲击铁箱的声音，灰暗的房屋就亮起了一排排方的、长的灯笼。平房像一列火车，楼房像艘轮船。这个时候他最得意，因为他和农村里的公鸡一样，担当起这个城市里的报晓员。

自从三街路南拔地盖起了三栋漂亮的六层白色楼房之后，杨得福又多了一项新工作，那就是县教委小区垃圾的清运。这些楼房临街的北面都设计了垃圾道，各层每户足不出门，将垃圾倒进缓台的垃圾道内，这些废弃之物撞击着道内四周的铁板，轰轰隆隆从六层滑到一层的出口。杨得福要将这几十个道口的垃圾清出来装进自己的推车里，再将它们运到街上。

工作量翻了两番，工资却一分没长，但他满意这份工作，喜欢这份工作，他没牢骚。今早杨得福来到1号楼东边第一个垃圾口，他习惯地抬头从顶层依次到底层扫视一遍，只见所有的窗户还没有光亮，因此这时也不会有垃圾倒下。他麻利地打开两扇铁门，放心地将头探进，用镐头把冻硬的垃圾敲碎，这才用铁锹将垃圾请出。突然，楼上垃圾道里传来一声巨大的轰鸣声，一个不小的物件，就像高山上滑落的石块飞了下来。杨得福一惊，身子往后一闪，人便跌倒在雪地里。说时迟那时快，一件黑乎乎的东西在他的眼前刷的一声划过，重重地砸在了他的脚下，震得耳朵嗡嗡作响，整个大楼也好像摇晃起来，杨得福觉得黑暗中棉衣里立刻便溢出了一层冷汗。

别看老人上了年纪，整日里不闲手脚，反应还十分灵敏，当他躲过这飞来的横祸时，便一个鲤鱼打挺站了起来，心中一阵愤怒，是谁家不长眼睛，他朝着楼上张口大骂："谁他妈的……"这句话还未骂完，只见三楼的灯闪亮了一下，然后又迅速熄灭了。杨得福定了定神，女儿杨青告诉过他，这层住的是她的顶头上司教委主任张清河。

杨得福像孩子一样伸了一下舌头，亏了自己收嘴快，张主任可是俺们家的恩人哪。一旦脏话出口那就收不回来了，恩将仇报的事俺不能干。

他把那件险些砸着自己的东西放到了车上，推到垃圾箱边。他漫不经心地将东西扔到垃圾箱里，又是咣当一声。这一声引起了杨得福的好奇，这是件什么东西，裹得结结实实的，不像个被丢弃的玩意，是主人弄错了，当作垃圾倒下了楼？他弯腰重新把那玩意从垃圾箱里捡起，借着微弱的路灯，将那件东西打开。最外面一层是很新的塑料编织袋，接着一层是牛皮纸，最后一层是用保鲜膜裹住的。嗬！鱼！是一条红尾大鲤鱼！杨得福脱口叫了出来。只见它通身被一层薄薄冰层裹住，鳞片在灯光下一闪一闪地发着亮光，鱼头青中泛黑，鱼眼瞪得圆圆的，鼓鼓的。他掀起鱼鳃，鱼鳃粉中透红，宛如刚从水中捞出。嘿，这么新鲜的大鲤鱼，在这寒冬腊月的节日口里，把这么金贵的物件当作垃圾，顺着楼道……不，一定是弄错了！杨得福连忙将这条四五斤重的大鲤鱼重新裹了起来，这是教委张主任家的，得给人家送回去。

杨得福像自己的姑爷一样被河南小保安拦在了教委小区的门外，怎么说那个固执的保安也不相信，并呵斥老人是来变相送礼的，还编出了这么一套天方夜谭。

天已渐亮，杨得福又回到了垃圾箱旁，他送走了拉垃圾的卡车之后，决定守株待兔等到上班，这条道是张主任上班的必经之路，俺要亲自把鱼还给人家。

杨得福掏出了纸烟，还没来得及点着，就看见教委的保安气喘吁吁跑到了自己的身旁，他手里拿着一封信，恭敬地给老人鞠了个躬说：“你就是杨大爷吧，这是俺教委张主任给你的。”小保安边说边将手中的信递到了杨得福的手中，接着又说：“张主任叫您老不要在这里等着了，赶快回家，看看信就知道了。”说罢，小保安又跑了回去。

张主任是恩人哪，他的话不能不听，杨得福心里踏实了许多。他明白了这条鱼首先不是错丢，那么为什么要丢呢？回家去，把信交给女儿杨青不就明白了吗！不管什么原因，看来这条鱼是送给女儿女婿的，虽说这方式有些奇怪，但毕竟是送的，而且是当官的给老百姓送的，这不是天大的喜事吗？杨得福高兴了，他提起了那条谁也看不见的红尾大鲤鱼，哼着小调回家了。

三

恰好吴语已经上班了，顺便捎走了上学的女儿吴语赞。杨青接过爸爸递过来的信，教委信笺上没有抬头也无落款，信纸的中央留下了几行工整的字迹，没错，是教委张主任的字体，她一眼就看了出来，并不由自主地念出了声：

大雄宝殿一叙，
佛道经学结缘。
鲤鱼龙门飞跃，
进府拜人拜年。
金榜题名关键，
怎能随意发展。
烧香磕头疏浚，
吾愿助君实现。

一首打油诗让杨青恍然大悟，原来这条红尾巴大鲤鱼并非误入陋室，它是带着一身的使命光顾寒舍的。让杨青不解的是，她与丈夫吴语不但没有为自己的顶头上司出过一丁点力气，反而还欠着人家一屁股的人情债，这大年下的，两口子愁的不知应该去送点什么，却收到了张主任用这样特殊的方式送来的连年有“鱼”，这可怎么是好？

杨得福听了女儿的一番解释大笑了起来：“这有什么不好呀！你们共产党干部的传统一直是上级关怀下级，干部关心群众嘛。人家张主任这样做有他张主任的道理，肯定有事需要你们俩去办，对，一定是让吴语这小子办。他可不能忘恩负义，头拱地也得抓住这样一个机会报答人家。”

杨青知道丈夫是头倔驴，爷俩商量好了，先把这条鱼吃了，堵住了吴语的嘴，等人家张主任万一有什么事吩咐下来，吴语也不好再说什么了。爷俩定好的计划刚刚开了个头，没承想两杯酒下肚，杨得福嘴上把门的就下了岗，肚子里那点豆子，噼噼啪啪地就全都倒了出来。

杨青没有想到，丈夫吴语一反常态，没急没跳没有发火，反而将泛红的鱼尾巴夹到自己碗中，然后又端起盘子，将剩下的鱼汤全部倒了进去。他低着头一言不发，三下五除二将一碗大米饭吃了个一干二净。杨青见状赶忙给丈夫碗里倒了点开水。吴语抬起头来瞟了媳妇一眼，用水漱了漱口，便咽进了肚里。杨青见状不禁扑哧笑了：“我说吴语，你这是干净呀？还是怕塞在牙缝里的残渣吐了可惜？”

吴语站起身来，用手抹了一把嘴唇上的油渍说：“这叫清正廉洁。电视剧《雍正王朝》里的皇上不是给我们现代人做出了示范：四盘小青菜，一碗白米饭，膳后用清水涮一下碗，漱了漱口，然后就全部喝进了肚里。一位封建皇帝都知道盘中餐皆辛苦的道理，何况共产党人！”说完便去了那个不足一米的小阳台。

吴语将阳台的玻璃窗打开了一个缝隙，冷风便像刀子一样刺了进来。他从衣袋里摸出香烟迎风点着，随后又将阳台的门推上，他家可没有教委张清河家里宽敞，女儿吴语赞给爸爸划定了这一块特殊的吸烟区。

烟雾缭绕，吴语隔着窗子看着岳父仰躺在沙发里，兴奋和酒后的愉悦让老人也跷起了二郎腿，眯缝着眼睛，嘴里还哼哼叽叽地唱着那一首只有他自己知道的小调。

吴语叹了一口气，心想："这个教委的张清河聪明呀，这场戏导演得不歪不正，明暗相容，既烧了香，又没有去庙堂，一鱼双味，官场老到油条，可这种人却能……"

吴语立刻想起了县纪委王直书记和他的谈话。

王书记开门见山："小吴，你认识县教委主任张清河吗？"

"认识，张清河大名鼎鼎，在咱们青山县谁人不知谁人不晓。过去我也只识其名，这不几天前才认其人，为了媳妇杨青的工作，登门拜了一次佛，居然没有烧香却还了愿。"

"这我知道，张清河已向县委书记李峰同志汇报了，说这是支持咱县纪委的工作！"

"咳！我吴语小人物的家事竟惊动了县委李书记，这位张主任还真是有神通呀。"

"你知道这位解决你家大事的张清河和咱们县委李书记是什么关系吗？"

"不知道。"吴语愣了一下，心里忽然就亮了起来，这件事其中一定有什么隐情，如果是这样，杨青工作调动的问题，就并非那么简单了。

"那好，你先看看这些群众来信，还有县委李书记的批示。你拿回去看，切记一定要注意保密，看完之后咱们接着再说。"

吴语接过档案袋回到了自己的办公室，他将门锁上，又把写字台上电话机线拔掉，拉上窗帘，打开台灯，专心致志地看了起来。

这些信大多数是由省纪委、省教委批转回来的，落款五花八门，经查证均属假名。但所举报的事实都十分详细。事件的时间、地点，送礼的品种钱数笔笔清楚。王直书记已经将这些信件归了类，这才报给了李峰书记……

吴语掐灭了香烟，嗓子眼突然感觉到不舒服，他再次打开窗户，将头探出窗外，使劲地干咳了几声，寒气顺着喉咙长驱直入，浑身的燥热，立刻清凉起来，他缩回头，长长叹了一口气。此时他完全明白了，妻子杨青的回城、纪委副书记的人选、这条滋味鲜美的红尾大鲤鱼，伴随着一封封群众揭发检举的信件，紧锣密鼓围绕着他这个具体办案的小人物家庭的利益，展开了一场精心策划的独角戏。吴语的心情沉重起来，摆在他眼前的是一次无法回避的斗争，斗争的对象是谁呢？是那个有恩于吴家的冠冕堂皇的教委主任张清河？还是县委书记李峰批示的字里行间隐藏的深邃？是自己的顶头上司王直书记那困惑的眼神？或者是那眼神后面赋予自己的一种力量？面对着屋里妻子杨青和女儿吴语赞开心的嬉戏，岳父岳母从心底里透出满足的微笑，吴语恍然大悟，这场斗争的对象都很简单，最让他感觉到头疼的却是自己这个温暖的家庭，斗争的堡垒其实是他自己。

女儿吴语赞拉开阳台门："爸爸，别再抽了，有你的电话！"

电话是王直书记打来的，几点指示十分明确：一是有关教委张主任的举报信暂时搁置，李峰书记态度待节后再研究。二是纪委副书记的人选问题，县纪委只有推荐权，虽然纪委只推荐了你吴语一人，但纪委的中层干部活动得很厉害，王直书记明确表态，让吴语去趟县委李峰书记的家，一定要在春节前。三是告诫吴语收敛锋芒，借春节时机，搞好群众关系。

妻子杨青就站在电话机旁，电话内容也听了个十有八九，她看见丈夫刚一搁好电话，就急不可待地将吴语拽进了卧室里。

“吴语，你可不能过河拆桥呀，咱家有今天这样的和谐，不全凭人家张清河主任！张主任的所谓问题喊了不是一两年了，人家有李书记罩着呢，不照样当人家的官，连纪委王直书记不也是睁一眼、闭一眼地装好人，谁像你那么傻，一本经读到黑。”

“你烦不烦人呀，这是党内的原则问题，你少给我添乱，我吴语接受党教育这么多年，还不知怎么办？王书记不是说了吗，你们张主任的问题暂时不查了，这不行了吗？”

杨青听完心里平和了许多，语言又变得温柔起来：“咳，我说吴语，我的话你可以不听，但王直书记的话不能不听吧。人家可是为了咱们好，县委李书记家你一定要去，这可不是跑官要官，再说了，你真能上一个台阶，还能替老百姓多办一些好事呢！”

杨青最后的一句话真让吴语动了心思，当上个纪委副书记不在乎名称好听，关键是有点独立办案的小权力，那样不会再看别人的眼色行事。再说了，从纪委现有的干部大排行，不论从资历、能力，吴语都排在第一位……

吴语下了决心，有了去教委张清河主任家烧香的经历，再高点的庙堂肯定也是大同小异的，有一条让他踏实的是，李峰书记绝没有事情会牵扯到我吴语家的利益。官不打送礼的，何况人家李书记也不见得收礼，反正去一趟没有什么坏处，还能让领导认识认识咱这个小人物。就这么定了，再闯一次庙堂，烧上一炉高香。

四

飘飘扬扬的漫天大雪封锁了吴语开的那台破旧吉普车前的两只眼睛。灯光变得微弱，它穿过雪浪，艰难地识别昏暗中的建筑物，扑面的雪花砸在汽车挡风玻璃上，雨刷器吃力地把它们又推到玻璃窗的边缘，垒筑起两道雪墙。车轮打着滑，慢慢地停靠在一棵光秃秃的大杨树下。

吴语熄灭了车灯，那栋和雪一样洁白的二层小楼的后墙紧贴着这棵高大的杨树。吴语一阵的心喜，这个地形太好了，既能看到路灯下李书记家的大门，窥视到一切进入青山县第一宅院的任何人，同时，过往的车辆又看不到黑暗中粗大树干遮挡的吉普车。

吴语看了看手表，正好晚上 8 点。王直书记告诉他已同李峰书记约好，并告诉了李书记家的电话。

“李书记家吗？我是县纪委的小吴，约、约好的。”吴语变得有些口吃，接电话的是一个女人，声音冰冷，和这飞舞的雪花一样没有温度。她只说了一句话：“李峰还没有回来。”啪的一声就搁了电话。

吴语原来发怵的心又咯噔一声，不是个滋味，真是有点雪上加霜，没有办法，等吧。这毕竟不是上张清河家，这是全县的爷，决定这片土地上一切生物的命运呀！好在他认识李书记的汽车，4500 丰田吉普车，车牌号很好记，0001，不会错过。

雪停了，世界一下子亮了起来，眼前的二层小楼越发的清晰。吴语目不转睛，时间一分一秒缓慢地在表针上滑过，又是一辆汽车，一双雪亮的灯光在楼门前熄灭，吴语再次瞪大双眼，仔细分辨，咳！是一台白色的桑塔纳，他又白白激动了一次，这时车门开了，一个熟悉的男人身影和一个陌生女人的身影从车里闪出。

县纪委二室主任宋明亮！没错就是他，他也是来县委书记家送礼的？吴语的心一下子横了过来，一股酸水从牙缝里流出，王直书记的话……难道这小子也想当纪委副书记？如果换了别人，吴语可能还不会揪心扯肺，可宋明亮这小子在县纪委排大队，拍脑瓜，排上一圈也不会轮上他的。如果连这样的人都能当上纪委的副书记，简直贻笑大方啊！吴语又一想，自己不要那样过分清高了，既然我们都是香客，都来拜佛，那就要比谁的心诚了。

宋明亮和那修长的女人从后备箱拎出的东西让吴语咋舌，大包小箱往返了好几趟，再看看自己拿的那点年货，心就凉了半截。他的眼睛模糊起来，不知道宋明亮是什么时候离开的，也不知又来了几台汽车。吴语看了看手表，整整等了三个小时，这种煎熬是他前半生从来没有尝试过的，难道就为了这么一个副书记的职务，甘愿在冰雪寒风中等待？他突然觉得自己的人格降到了冰点，甚至，还不如刚才那个大摇大摆明目张胆的宋明亮。

吴语启动了马达，一把方向盘将冰冷的吉普车开上了马路，他决定打道回府了。正在这个时候，迎面一台汽车的大灯晃得吴语睁不开眼睛，“谁他妈的汽车灯这么亮？”他骂了一句。索性将自己的车灯关掉，让那台霸道的豪华车过去。可是那台汽车却偏偏顶着吉普车的车头停了下来，吴语一惊，是李峰书记的丰田大吉普。

李峰从车里走出来，他认识县纪委的这台老掉牙的老北京吉普车，那还是当年自己当副书记分管纪检工作时坐的专车呢。有感情呀！他迎着车头走了过来。吴语看见自己等了半宿的县委李书记突然出现在自己面前，不知是惊是喜，便连忙下了汽车。

“李书记，我是县纪委的小吴，吴语。王直书记替我约了您，我一直在这里等候。”

“是小吴，知道你的名字，王直同志和我说过的，可巧今晚省里来了领导，失约了，对不起了吴语同志。看样子你也是等不及了，既然来了，就到寒舍坐一坐认个门吧。”

“李书记，我心眼实在，看这时间太晚了，怕影响你休息，刚要走你就回来了。那好，我就提前给你拜个年了。”吴语说完，将汽车座上岳母和媳妇亲手包的黏豆包拎了下来，尾随着李书记进了院子，来到了一楼的客厅。

让吴语没想到，书记家的客厅是那样的窄小，一个长条形状，似乎和这整栋楼层的设计极不协调。职业习惯，让他仔细观察这才发现，这个小客厅是后来间隔开的，顶棚上可以看出原来的印迹。客厅的陈设简朴得更让人吃惊，一大两小的木扶手沙发、茶几，还是上世纪 80 年代的旧东西。最引人注目的是正面墙上挂着的一个镜框。里面镶嵌着李峰书记亲笔写的……不像是书法作品。噢，是个通知？

吴语原本快要冻僵的双腿麻木了，他就像钉子一样定在了那里，镜框里的文字内容让他震颤。

通知写道：“各位同志，我们都是来自五湖四海，为了一个共同的革命目标走到一起来了。我们的干部要关心每一个战士，一切革命队伍的人都要互相关心，互相爱护，互相帮助。”这不是毛主席语录嘛，下面还有，另起了一行：

“谢谢来我家看望我的同志们，你们的关注会给我增添干好工作的信心和力量。请拿回去你们带来的东西，这是党的纪律，也是我的规矩——李峰。”

“坐吧，坐吧！吴语，还愣在那里干什么！”李书记说了两遍，见这小吴像个木头桩子一样，呆呆的、愣愣的。便伸手拍了拍吴语的肩膀，将他按在了沙发上。

“怎么，吴语同志，你们这些做纪检工作的干部，看到我的这个通知感到惊奇吗？这块镜子我已挂了十几年了，不论搬几次家，客厅里第一个要挂的就是这块警示牌，它既教育我本人，也教育来我这里走门子送礼的群众！”

李峰看了一眼恢复常态的吴语之后接着又说：“别小看了这块牌子，这么多年，不知挡走了多少送礼人呀！但有一条，这样做绝不是沽名钓誉，我的爱人有记载，如果工作上需要，可以给纪委的同志看一看，这是一个成功的经验嘛。当然，这涉及的是我，全县的第一把手，就不便宣传了！”

吴语被李峰书记进门后的连珠炮打哑了，想好的拜年话也全都丢到了脑后，手里拎的那一大包黏豆包从脚前挪到了沙发后，脑门上还渗出了汗水，他就像舞台上晕场的演员，砸了场子。书记的一番话堵得吴语喘不上气来，他真后悔听了王直书记的话，等了三个小时，好不容易才走进了这栋想进又不敢进的宅院。现在可好，吴语没有办法的是他急切地想走出这个院门，却又无法张口。

李峰书记似乎看出了吴语的心理变化，只见他话锋一转，将话茬引到了工作上：“小吴同志，关于状告教委张清河同志的那些上访信，对，还有我的批示，看过了吗？听王直同志说，这个案子交给了你去处理。”

吴语终于有了说话的机会：“是，李书记，我全都看过了，按照您的批示，春节之后再查证。”

李峰的眼神突然有了一点让常人观察不到的细微变化，吴语看到了，他感觉出来李书记对春节后查证这句话的敏感，甚至还透出他与张清河的关系……

“小吴，有一点是肯定的，张清河是个好同志，教委的工作这几年很有起色，这和他的出色领导才干是分不开的。对了，老张这个人的人品也好，很热忱，还有大局观念，为了支持你们纪委的工作和你的家庭困难，你的爱人不也调回城里了嘛！”

“是，李书记，我们全家都感谢张主任，不过查证一下不是什么坏事，也是对张主任负责任，如果没有什么问题，不就还了他一个清白吗？”

李峰书记的脸色刷地暗了下来，接着又忽地红光满面。他说：“小吴同志，我听王直书记介绍你很干练，工作也很出色，纪委的班子春节后还要调整，你们这些年轻的同志有上进心好啊，关键是把工作热情放在与县委保持一致上来，要相信组织。”

李书记的话中带话，呛得吴语憋红了脸，还想说点什么，书记家的电话又响了，门外传来脚步声，他低头一看手表，已经是夜里11点半钟了。这正是个好机会，告辞。他拎起黏豆包站起身来。

李书记见状指了指吴语手中的袋子说：“小吴，你这是……”

“李书记，过年了，串个门也是咱中国人的习俗，我媳妇和岳母特意给你包了点黏豆包，家乡的土特产，让我送过来，可墙上的通知，我还是拎回去吧，别破了规矩。”

“唉，小吴同志，把东西放下，这又不是礼品，不在通知范围之内，这是你们的心意呀，不然我李峰就太不讲情理了。”他说完起身进了里屋。

吴语茫然地站在那块镜框下不知所措。

李书记走了回来，他手里拎着一个精制的纸盒箱子说：“小吴同志，黏豆包我留下，这箱省城出的红肠你拿回去，也算我给你们家里的老人拜年了，这叫人心换人心，四两换半斤嘛。不能不收，这也是我的心意嘛。”

吴语犟不过书记，他只好拎着这箱比他那袋黏豆包不知贵了多少倍的省城红肠，深一脚浅一脚地离开了这栋洁白的二层小楼。

吴语借着吉普车的棚灯发现，省城红肠光亮的包装箱上，写着一个人的名字——宋明亮。

五

青山县的习俗淳朴，春节过后一上班，各单位的同事们便自觉地排好了队，今天你请客，明天他请客，一律的家宴，这一吃就吃出了正月。这里面有两个约定俗成，一年了，同事之间的那点磕磕碰碰的不解矛盾，在圆桌上一坐，酒杯一端，脸蛋一红，心胸一开，就都摆平了。各单位的领导更重视，联系群众，树立诚信，打气鼓劲，团结和谐，这是一年干好工作的基础。另外一原因就是请大家帮忙打扫一下各家的年货，春天阳气上升，鱼呀肉啊都冻不住了。大伙一凑热闹就节约闹革命了，这个风俗一传就是几十年。

吴语格色又格路，他从不请客，也不参加别人的宴请，尽管同事们嘲笑他是小店不出血，不随和。他只是脸一红嘴一咧打个哈哈就过去了。只有王直书记理解他，吴语家庭困难，那点年货没等到十五就全都填进了肚里，哪有闲钱请客啊，好烟好酒又有几个是自己掏腰包买的呢？吴语有自己的理论，猪往前拱，鸡往后刨，螃蟹横行，各行其道。

吴语背着李峰、王直二位书记，利用人们聚餐喝酒的机会，开始了查证张清河的工作。这些信件没名没姓没有地址，突破口在哪儿呢？聪明的吴语选择了妻子杨青。他按照揭发告状信的内容编成了一个个小故事，茶余饭后讲给她听。妻子杨青心里明白，这些指桑骂槐的事，丈夫无非是想在她这里套出一些线索。杨青正直，对张清河的所作所为早有耳闻，她所在的第五小学就有受害者，只是自己的命运还掌握在这位张主任的手心里，敢怒而不敢言罢了。加上这次工作的调动，今后丈夫的提职，这个张主任可是做酒不成做醋酸的主。因此她一直担心耿直的丈夫会牵扯到他们的政治斗争里去。

吴语不知不觉已经陷入这场斗争中，压力也一天比一天越发沉重。他按照信件里涉及的时间、地点揣摩到的揭发人，每到一处都吃了回绝，没有人敢出来作证。王直书记焦躁的情绪也影响着他，尤其是那个宋明亮当着纪委同事的面说风凉话：“这年头谁还没有个礼尚往来，如果吃顿饭喝顿酒、接条烟、随个红白份子都他妈成了事，纪委干脆就搬到计生委去，从源头抓起，生下一个娃就看护起来，不食人间烟火！”

“小宋你怎总说这些废话，走极端呢！别忘了你也是咱县纪委的中层干部。”吴语不爱听了，回敬了这个张牙舞爪的势利派。

“吴语，别不爱听，我就是说给你听的！查什么张清河，县委书记都说了张主任是好干部，那些王八蛋的孩子考不上大学，就说是张主任不给使劲了，那得怨你们的小王八羔子没本事。送去点破烟、破茶、破酒、破钱算个屁呀，人家张主任不也得往上递嘛，那是过路的财神，花了，没退给你掉井了，心痛？何必当初呢！告起来没个完！”

“小宋！你这是替谁说话，还有点原则性没有，查张主任，我愿查吗？何况他安排了我老婆，这是工作，也是对张主任负责！”

“吴主任，你还知道人家帮了你的忙，忘恩负义！你瞎忙活半天有什么用？我把话撂到前面，张主任有事，我宋明亮当着全纪委的面，叫你一声爷！”

吴语气红了脸，憋得有些上不来气，看热闹的几个年轻的纪委干部一起大笑起来。他们不敢和纪委铁面无私的吴语开玩笑，却冲着宋明亮大喊起来：“叫爷，叫爷……”

吴语再也忍不住了，心里烧起了一把火，炽热难耐，他突然举起了手中的茶杯。

“住手，别冲动！”

吴语回头一看，门前竟站着自己的老婆杨青。他立刻觉得眼球一热，眼泪立马就充满了眼圈。

杨青冲着宋明亮也喊了起来：“宋主任，刚才的话俺都听到了，今天非要和你较这个劲了！我可以重新调回五道沟镇！俺家吴语宁愿不当这个小破官，张清河的事俺吴家管定了，你等着瞧，吴语就要当这个爷，俺也当这个奶奶！”

杨青的一番话把个吴语弄愣了，一向贤惠的妻子这是怎么了？

杨青在学校也遭到了校长的呵斥。

“杨青啊，知恩报恩，难道你们两口子不懂？咱们教育系统的干部都戳你们的脊梁骨，张主任为你家帮了这么大的忙，你家吴语就是油盐不进、六亲不认、耍光棍充好汉，非要整垮张清河，这对你们有什么好处！”

“校长你听俺说，一我杨青从不干扰吴语办案；二查证张主任那是县委李书记、纪委王书记交代的任务，他吴语敢不办吗？三我调动工作从内心里感谢过张主任，还让吴语去他家送过礼，人家不收，我们怎算忘恩负义呢？”

“杨青！我实话告诉你，我也是受人之托，把该说的话都说给你听了，你们两口子别不知趣。有人说了，再这样下去，你杨青还得回你的五道沟去，连职务也没有了，当个一般老师吧！”别看平日里杨青老实，其实她和吴语一个样，外柔内刚，宁折不弯。校长的一番话不是下了最后通牒吗？俺杨青调回城里原来是你张清河施舍的？交换的？什么工作需要，照顾纪委的困难了，一句话，就是要按照张清河的意思办，否则一切都退回到原来。

杨青当着校长的面哭了，她把所有的愤怒压到了心里，她冲出校长办公室，一路小跑，去县纪委找丈夫吴语诉苦，可她看到的是和她自己一样的场面……

一件件的案例唤起了杨青的良知，两口子面对的压力教育了她，小知识分子那种“位卑未敢忘忧国”的自尊让她终于勇敢地张开了口：“吴语，俺杨青是你的媳妇，不能胳膊肘往外拐，我帮你！咱从我原先待着的第五小学，五道沟镇的民办教师刘玉娥的遭遇查起。”

吴语有心，杨青有意，查证有了切入点。

夜幕降临，吉普车翻越过第四道沟梁，尾随身后黑压压的次生林带被甩得无影无踪了。弯弯的月牙也从桦林梢上滑落，挂在了山洼小镇洁净的空中。一片错落稀疏的萤虫光亮闪烁，连接了天上麻密的星星。五道沟镇就在吴语的眼前了，他的心情却不像刚出县城时那样冲动了，不知为何有了一番迷茫。那个叫刘玉娥的民办教师是这夜空中飘动的繁星，还是这山川里一簇簇眨着眼睛的农家灯火？她能否接纳我，还是闭门谢客？吴语重新盘算了自己的查证计划，不能有一丝疏忽。

吉普车停在镇北头山坡地上一个相对独立的小院门前。杨青告诉吴语，刘玉娥家房后有三棵齐天的红松，树冠相互缠绕，形成了一个巨大的帷盖，遮住雨雪风霜，呵护着树下低矮的三间木刻楞的小房。这在五道沟镇是独一无二的上风上水，是个出贵人的地方，养育出小镇里貌美出众的刘玉娥。山里的老人们都说：“要不是新社会，这刘玉娥命该当娘娘。”

吴语自叹地笑了笑，这刘玉娥的命是……唉，俗话说红颜薄命呀！他回身将车后座上那箱省城红肠拎了下来，箱子上宋明亮三个字已被涂掉，这箱香肠不知转了几个圈，他吴语借花献佛了，送给最需要的人家。

吴语推开车门，左脚还没踏上地面，就看见桦树条子编织的院门打开了，一个秃顶的男人被一个头发蓬乱的女人推了出来，随后被扔出的是几样花花绿绿的东西，看来是食品之类的物件，那个女人怒吼着，声调却异常的低沉。显然是不愿意声张，让闲人听见。

吴语连忙收回左脚，将车门轻轻带上，他的脑门贴在挡风玻璃上，在清亮的月光下分辨这位男人熟悉的身影。噢，是张清河！这个老色狼，胆大包天，这个时候他居然还敢……

张清河没有捡拾丢在院门口的那些礼品，他先是用双手拍打拍打自己身上的衣裤，然后回头看了看那女人，用右手的五指梳理了头顶上那几根宝贵的花发，这才慢条斯理地走到坡头。吴语发现那坡头路边的柴火垛旁，停靠着一辆白色的轿车，司机已站在那里等候。只见这位教委张主任从容地上了汽车，一排鲜红的尾灯亮了，车屁股下冒出了白色的烟雾，随着一声轰鸣，便消逝在山洼里。

吴语定了定神，恍惚之中，吃了一惊，那个司机是宋明亮！他怎么来了，他和这个张主任又是什么关系呢？这戏越演越有滋味了，吴语好奇，责任和查证的诱惑让他发誓要把事情搞个水落石出。吴语猫下腰把丢在地上的那些食品捡了起来。他顺着小院夹起的山柳条障子，在一块残缺处，将这些礼品塞了进去，这些食品本身可是干净的，刘玉娥家正缺它们，扔掉了多可惜。

吴语推了推栅栏门，门是虚掩着的，山村各家各户的院门从不上锁。他一阵心喜，原先盘算着如何进入小院的第一道关卡就这样轻易地解决了。但他心里还是有些紧张，他与这位刘老师并不相识，加上刚才张清河铺垫的这出恶作剧，给他下步的计划带来许多麻烦。

“刘老师在家吗？”吴语明知故问，好让刘玉娥放心，他并不知道刚才所发生的一切。

屋里没有动静，门插着，黑着灯。

“刘老师，我是杨青校长的爱人吴语啊，到镇上办事，杨青让我顺便来看看你，她说你们是好朋友。”

屋里继续沉默。吴语焦急的心态反而安稳下来，今儿个确实不是时候，何况又是晚上，虽然时间只是下午五点半钟，可这大山里的冬日，天早就黑了下来，改日再来，不更显诚意嘛！想到这里，吴语亮了亮嗓子说："刘老师，如果你觉得不方便，俺就改日再来吧，杨青让我给你捎来的这箱省城红肠就放在门口了，请你查收，俺走了。"

吴语说完，转身走到院门口时，忽然听到身后传来门响，小屋里的灯也亮了，将自己的身影印刻在雪地上。他回过头一看，刘玉娥已走到院子中央。

"你真是杨校长的爱人吴语？"刘老师的眼睛里充满着疑惑。

"真是的，那还能有假，假了包换！"吴语边说边从棉袄的内兜里掏出了工作证，把它双手交给了刘老师。

刘玉娥迟疑了一下，还是接过了吴语递过来的工作证，仔细地辨认。月光下，刘老师鸭蛋圆的脸盘是那样的光亮洁白，内含着清凉和冷俊；她那双透水的大眼睛，被一对柳叶弯眉牵引着，一会儿扬起，一会闭合，长长的睫毛掩盖了眸子里的那潭深邃；唇线的轮廓像刀刻一样的鲜明，嘴角被内心情绪控制有节奏地抽动。刚才蓬乱的头发，已变成了垂挂起来的绸缎……

吴语不敢再看下去了，寂静里能听到自己心脏的强烈跳动。难道我这个号称冷血铁男的汉子，在这样冰清玉洁般的漂亮女人面前也会心猿意马？这一闪念瞬间就滑过了。他记得一位作家朋友告诉过他，男人见了漂亮的女人不动心，男人有病，只动心而不动手是汉子。男人见了漂亮的女人，又动心又动手脚，是流氓，这就是区别。划分的标准那就是理智。

刘老师笑了，没有笑声只有甜甜的笑容。笑里面绽放出一丝的抱歉。让吴语感到更多的还是抱歉中的真诚。

"对不起，吴主任。我常听杨青校长说起过你。你不知道，刚才教委的那位张主任和你们纪委的宋明亮来过，我把他们撵走了！不能不提高警惕。唉，孤儿寡母的是非多呀！对不住了，冷落了你，快进屋吧！”

吴语没有想到，这位刘老师的性格是那样的直率、豪爽，真是外柔内刚的侠女。这查证工作可就有了希望。

吴语尾随刘老师进了东屋。炕角上睡着她刚上小学的女儿，几样简洁的家具被擦得木透本色，这小屋和刘玉娥一样的清新怡人。

吴语对刘玉娥的掌握已十有八九，不用绕弯子了，他拿出了纪委的正式信函，开门见山道出了他的来意。

刘玉娥激动得涨红了脸，她就像个离娘的孩子一股脑地把多年的委屈全都倒了出来，说给娘家的人听，这让吴语有点吃惊，这是不是来得太容易了。其实妻子杨青早丈夫先来了一步，提前做了刘玉娥的工作。两位女人抱头一哭，堵在心里的那块石头就被搬了出去。善良、委屈变成了义愤和正直，姐俩发誓，不扳倒那位笑里藏刀的张清河，两位女人就对不住这教师的光荣称谓，更对不住刘玉娥冤死的丈夫。

六

县纪委的小院突然热闹了起来，十几辆小轿车七横八纵塞满了窄小的空间，草坪上两大株丁香花丛旁边也被官气十足的它们占领了，人们只能在车缝里穿行。

吴语按照老习惯提前半小时上班。一进院，他感到十分惊异，这是怎么了？有什么大事，来了这么多客人？噢，他想起来了，早晨刚搁下饭碗，就接到了纪委王直书记的电话，告诉他上午八点半在纪委大会议室开会，并再三嘱咐千万不要迟到。吴语感到好笑，王书记这是怎么了？他明知道自己是全纪委第一个到单位的勤快人，电话里书记吞吞吐吐的语气也有点反常。吴语当时并没有察觉出什么，现在看来一定有什么不好说的缘由，而今天这阵势，这会议的内容一定和自己有些关联。

吴语没敢再进自己的办公室，他直接推开了大会议室的那扇门。

会议室里格外得安静，但已经是座无虚席了，除了县纪委的同事们，还有县监察局的干部，他们也来参加会议，还有几个走动着的半生半熟的青年人，他们是谁？吴语极力调动着自己脑海里的信息库……

"吴语，到这儿来坐，今天你这个第一变成了倒数第一了！"吴语抬头一看，王直书记身旁还有一个空座位，那是书记特意给自己留下的。吴语心里呼地一热，便连忙挤身坐了下来。小声问道："什么会议这样重要？那几个陌生人是谁？"

王书记说："县委组织部的，今天是来推荐咱纪委副书记人选的，我也是刚知道。"

吴语脑袋嗡地一响，愚钝啊！怎么一点风声都没有闻到。他抬头看了一眼桌子对面坐着的宋明亮。咳，那小子可是满面红光，一脸的得意。噢，吴语一下子似乎明白了点什么，昨天晚上纪委的同志们为什么都到了宋明亮家吃年货饭。唯独没有通知他吴语？连平日的那点客套话也没对自己说。难道昨天和今天只是一种巧合？他不愿意再往深里想下去。自己那点清高与自尊已经被这会议的阵势冲击得空荡荡了。

门被组织部的两个年轻人拉开，一位三十几岁的女同志被迎了进来，只见宋明亮带头鼓起了掌，霎时，掌声便连成了片。吴语木愣地看了看王直书记，王书记和那位女同志点了个头，算是打了个招呼。女同志高挑的身材，白皙的脸庞，说不上十分漂亮，却很有气质，也很耐看。一定是组织部的领导了。这位女同志好面熟呀，在哪儿见过呢，尤其是她修长的身材……

女同志坐在会议桌的正面，她双手轻柔地上下摆动了两下，掌声立刻停止。她轻轻地咳嗽了一下，把眼神投向了王直书记，并点头示意会议可以开始了。

这位女人太没有教养，在县委常委、纪委书记王直同志的面前，她的神态居高临下，好像她的官比王书记还大！组织部怎么样，不也是县委的所属工作部门，不就是把握着全县干部的生杀大权吗！真他妈的有点仗势欺人，吴语心里狠狠地骂了一声。

“同志们，我给大家介绍一下，这位女同志是我们新任不久的县委组织部的副部长，主管干部工作。名字可能都听说过吧，她叫宋小英，从县教委调到组织部的……”王书记讲了开场白。

吴语听到宋小英的名字，王书记的讲话便一句也听不清了。媳妇杨青过去曾和自己说过，县一中有一位女校长和张清河好得穿一条裤子……唤，想起来了，是她！错不了，那个大雪纷飞的夜晚，和宋明亮一起去李峰书记家送礼的那个女人！

吴语似乎全都明白了，今天这个会已与自己无关了，炽热掉进了冰冷，张清河与宋小英，宋小英与李峰，还有眼前的宋明亮……一条清晰的线网让吴语的大脑清醒了，心态反而一下子恢复了正常。他知道，当自己热盼的东西从身边滑过，再也不会属于他的时候，吴语才会退回到自然。

吴语感觉到内心里又掀起一股热流，那是愤怒的热潮，他不愿意作陪衬，索性站起身来，蔑视地看了一眼桌子对面衣冠楚楚的宋明亮，看了一眼严肃端坐的宋小英，拔腿想离开会场。

“你给我坐下。”王直书记一把将吴语按在椅子上，声音还有些战栗。

宋小英听到声音后把目光投向了吴语，嘴角微微地抽动了一下说：“你就是吴语吧，想去厕所？不要憋着了，我可以等你一会儿再讲话。”

吴语被这位冷面女部长带有讥讽的话语呛红了脸，王直书记拧了一把他的大腿，吴语急促的呼吸才渐渐平息下来。宋小英开始讲话了，她代表县委作了一通大道理的演讲后，一张张推荐表便被组织部的那几个年轻人，依次发放到每个开会人的面前。

会议室里的人摩肩接踵，这推荐候选人的权力隐私变成了公开的。谁也别想保密，只要你的眼神左右一斜，周边表格推荐人的一栏上，谁填谁的名字都会被一览无余。组织部几个年轻人，背着个手，低着个头来回巡视，一个民主的方式变成了被人监视的考场。

吴语盯着推荐表，圆珠笔从左手倒到了右手，他不自觉地将目光一移，王直书记的表格上郑重地写下了一个人的名字——吴语。然后王书记将表格对面一折，把公正和隐私合了起来，交给了身边等着收表的组织部的小伙子。吴语心里好感动。

交个白卷算了！这种毫无意义的形式在认认真真中是那样的苍白无力。不行，那不等于弃权了吗？这是自己的权利啊！无论怎样，一定要尊重自己。吴语有些感慨，从上小学开始到参加工作，自己不知填了多少类似这样的表格，那时是选优秀、选先进、选劳模，自己多次当选，但没有一次是全票，总是少了一票，这已形成了一个规矩。为什么呢？因为自己从来不会投自己一票的。投自己一票的行为被斥为一种耻辱。可是现在，无论选什么，每个人都不会空票，每个人都会将第一个选择写在自己的名下，说是什么毛遂自荐，还是举贤不避亲，自信到了极致，还有什么……即使自己选不上，也不能让别人的票比自己多得太多，落得太远，那样多没面子。

吴语虽说不会入乡随俗，但是是非还要坚持，决不能让自己庄严的一票投给那些跑官要官的人，投给不称职的人，虽然自己的一票在这些人眼里一分不值。

吴语用右手弹了弹洁净的表格，然后拧开笔帽，在被推荐人的空格中，认认真真写下了自己的名字，这是他人生第一次为自己争取权利，争取荣誉。确切点说，是在为全县的百姓争取。也许这句话会被那些人讥讽和嘲笑。吴语自恋不识时务，什么时候了，还在冠冕堂皇。

王直书记一直在观察着吴语的行为，透视着自己心爱干将的内心变化。当他看到表格上那庄重的签字，书记笑了。深情地拍了拍吴语的肩膀，示意他该交卷了，那是全委的最后一张推荐表。

“散会，今天的程序结束。一个星期之后继续开会，进行个别谈话。”宋小英说完起身走了。

七

和吴语谈话的是县委组织部副部长，那个冷峻女人宋小英。

吴语没有想到，宋部长在王直书记的办公室里，春风满面，并主动伸出了手。吴语感觉到宋部长的手紧紧地握住自己的手，她的手柔软滑嫩，并充满热情。不像其他女人伸过来的手麻木直挺不会打弯，在心理上给男人们一种漫不经心，或者说她根本就没有把你放在眼里的感觉。可这女人和那天大会议室里的她简直就是判若两人，她紧握着吴语的手摇晃着，充满了激情和奔放。嘴里还不停地说道：“请坐，请坐。吴语同志是咱纪委查案的高手，是我亲自点名和你交换一下意见。”

吴语不卑不亢坐在了宋部长对面的沙发上。他其实已经知道了结果。

宋部长开口讲话了，她刚才的笑脸就像夏日里山顶上飞过来的一片云彩，洒了一地雨水便迅速地从头顶上飘过，她又变得一脸严肃。

"吴语同志，你是县纪委推荐副书记的唯一人选，这说明你在你们王书记的心里很有位置，也很有分量，可是……光和领导搞好关系不行啊，群众这一关你可就……算了，我也不卖什么关子了，这次推荐的票数很不理想啊，超出你们王书记的预料，超过半数的得票人只有宋明亮同志。"

"不可能！"吴语听到这里便打断了宋小英的官腔官语。虽然他已经预料到自己不可能当选，那是因为县委组织部这位副部长、县委书记和教委主任以及根本就不可能成为自己竞争对手的宋明亮，他们之间已构成的微妙关系。他还隐隐约约地感觉到自己在张清河案子中的态度和行为，这一点吴语已经作了充分的思想准备。可要说纪委和监察局的同志们把票投给了毫无威信和能力的宋明亮，打死他也不会相信。

宋小英并未发怒，甚至脸上还露出一丝察觉不出来的微笑。

"吴语同志，你太自信了吧。当然了，一个人没有了自信便一事无成，可自信过度是什么？那就是自负！"宋小英的话语软中带硬。

"王直书记知道结果吗？既然是群众推荐，还是应该向推荐人公布一下得票的情况嘛。"吴语变得冷静了一些。

宋小英接过话茬说："这是原则问题，王直同志是县委常委，但组织部门的工作情况需要让他知道时，县委李峰书记会和他交接意见的，这一点用不着你操心了。至于你提到公布票数，我已经请示了李峰书记，李书记指示不需要公布。"

吴语被宋小英无懈可击的话呛了回去。

宋小英故意沉默着，她把屋子的空气压缩得越来越沉闷。她想给吴语造成心理上的压力，迫使吴语在思维逻辑上面有所改变。以按照李峰书记的意图，完成这次干部的选任工作。

“吴语同志，请不要沮丧，群众的选票只能算作一个方面的因素，更重要的是县委主要领导同志对你的认可程度，组织部对你的考察结果，这是最重要的。”

宋小英看着一言不发的吴语接着说：“换句话说，这次投票推荐只是个参考，民主还要集中嘛，你说对吧？”

在官场单纯的吴语抬起头，他感觉到有些莫名其妙，或者说自己还有希望？他摸不清楚眼前这位宋部长谈话的真正目的，干脆来个沉默是金，你不问咱不答，我就给你来一个豆饭闷着。

宋小英也是个痛快人，谈到此时已不需要再兜圈子了。她说：“县委李书记很尊重你们县纪委的意见，也肯定你的能力和工作干劲，提拔你任纪委副书记是没有什么问题的，群众投票只作参考。”

吴语有些憋不住劲了，他内心很想当这个副书记，除了觉得自己应该，当不上面子上过不去之外，他还觉得这对于纪委查办案件是有帮助的……死灰复燃，吴语心里出现了一丝光亮。

“宋部长，按照你刚才谈话的逻辑分析，我还有戏？”

“当然有戏，关键在于你能否修正自己的错误，按照党性原则去办事，和县委保持高度一致，如果做到了这一点，这个副书记非你莫属！”宋部长说得斩钉截铁。

“我不明白，我自认为自己是一个党性原则很强的同志，这是大家公认的优点，请部长给我一个明确的指正。”

宋小英心里骂了一句：“他妈的，真是一根筋，这么简单的一张纸，就是捅不透。”

“好吧，吴语同志，你的缺点不在于党性原则的表面，而是实质。这话有点重了，按党的原则办事的本质是下级服从上级，和党保持一致。党是什么？是总体，在我们青山县，县委代表着党，县委书记李峰在个体上就代表着总体，和党中央保持一致，在青山县就是要和以李峰书记为核心的县委保持一致，那也就是和李峰同志保持一致，你说对吧！”

吴语愣了一下，觉得有道理，宋小英的一席话将他绕了进去。可是他并不清楚，自己一个小人物怎么就能和李峰书记联系在一起了，更没有不听县委书记的道理和事由啊。

宋小英见面前这个吴语仍不开窍，便开诚布公地告诉他：“县教委主任张清河是个好干部，李峰书记已经明确表态，为什么你却背着县委去五道沟镇找那个所谓的被害人，这是违背组织原则的大是大非问题。”

“宋部长，我可没有背着县委搞非组织活动，李峰书记在张清河主任案件上有明确批示，春节之后查证，我是按照书记的意见办的。再说了，王直书记口头指示我全权调查，我认为这是对张清河主任的负责任。”吴语极力地表白。

宋小英说：“不对吧，李书记的批示是节后再研究，县委研究了吗？”

吴语抢过话说：“研究不研究是县委的事，我去查证是按纪委工作程序办理的，何况查证工作已经有了突破，仅从手头上掌握的材料，张清河同志已不能算作一个好干部了！”

宋小英脸色变得铁青：“这么说你是一意孤行了，不想当这个纪委副书记了！”

吴语说：“如果你们阻止我查证张清河案件，宁愿不当这个副书记，也要查个水落石出，这是我对党性原则的认识！”

宋小英这次被吴语呛红了脸，她激怒了，站起身来，声音一下变得有些沙哑：“没有人不让你查案子，但你不能不听招呼，不遵守纪律，我行我素，你……你这个人简直是不可调教！算了算了，我们的谈话就此结束吧！”

宋部长说完抄起写字台上一字未记的笔记本，大步流星摔门而去，把吴语丢在王直书记的办公室里。

八

青山县纪委副书记人选的最后确定搁浅了。县纪委王直书记据理力争，坚决不同意宋明亮出任这一职务。而吴语被以群众投票不过半数为由而不能通过。组织部副部长宋小英拒不公布两人的得票结果，两种意见争执不下，县委书记李峰和了稀泥，既然意见不能统一，那就下次会议再论，哪个下次？就遥遥无期了。

吴语心里踏实了，他按照刘玉娥提供的线索继续查证。王直书记在张清河案子上保持了沉默，既不说不查，也不说查。反正在新案件的分配上，不再给吴语增加新的任务，这就足够了。

教委主任张清河要荣升了，是青山县政协副主席的人选。这一消息让刚刚缓过神的吴语又一次受到了打击。眼看着一桩桩一件件的事情都有了着落，只差刘玉娥老师丈夫的死因证明还未开出。青山县医院吞吞吐吐说是因病死亡，说和张清河主任根本扯不上关系。吴语多次找到县医院心内科主任做工作，这两天刚要柳暗花明，可张清河主任要当县政协副主席的信息一传开，所有的突破口又被重新封扎了起来，查处一名副县级领导，显然超出了县纪委的权限。

吴语把自己关在办公室里，一根接一根地抽烟。一下午不喝水、不上厕所、不接电话也不开门。这个时候他最怕碰到熟人，他感觉到所有人的眼神里都充满着一种嘲弄，讥笑自己不识时务，不识抬举，一口咬住了屎橛子给麻花都不换。什么人哪！放着县纪委副书记不当，非要捅一捅马蜂窝……尤其是那个宋明亮，碰见他的时候，装得十分恭敬，皮笑肉不笑的脸将五官都拧到了一堆，先嘿嘿笑两声，然后压低声音说："吴大哥，我小宋可不想和你争那个副书记，撒泡尿照照，不配！宋部长让我给你捎个话，位置给你留着呢……"

吴语装着没有看见也没听着，匆匆擦肩而过，他心里十分明白，他们不死心，要死保张清河。

太阳落山了，县纪委的小院安静了下来，春风把两棵丁香树上的花蕾揉搓开了，洁白的花团释放出浓烈的香气，一股脑地钻进了吴语的办公室，满屋的焦油味道立刻变得清新起来。吴语也清醒了，看了看那部不知响了多少遍的红色电话机，他知道那是杨青催促自己回家吃晚饭的电话，他们有约定，三声铃响一个节拍。

吴语打开了电灯，用脸盆里不知哪天的剩水洗了把脸，开启了关闭的手机。这时，他发现短信里全都是杨青发送的："张清河主任在咱家等你，速回！！！"

吴语兴奋了！短信的内容让他精神一抖，王直书记曾给他写过一副对联："无敌非幸事，何时见骄横。"一个人没有了对手、目标和方向，活着还有什么意思！甭说你张主任要当政协副主席，就是当个县委书记，又能怎样？不还要实事求是嘛。回家，会一会这位到寒舍拜佛的高僧。

筒子楼昏暗的走廊里摆满个各家的煤气灶具，吴语熟知这里的每一寸天地，他东窜一下西拐一下，全身不会碰上一点的油渍便走到了最里边。女儿早就在自家的门外等候了，她从小就熟悉爸爸节奏明快的脚步声。吴语看到了女儿心里一阵喜悦，一天的辛劳马上就消化了。他对女儿的爱从不言表，深深地埋在心里。他抚摸了一下吴语赞油亮松软的黑发，女儿知道这就是爸爸对自己疼爱的最好表达。

吴语赞眼神里充满了受宠后的惊讶，除了王直书记到过她家，这位早就灌满耳朵的名字张清河主任，他是个大官，是妈妈的顶头上司，居然也登了门。女儿很高兴地说：“爸，人家那位大官在家里等候你多时了。”

“嗯。”吴语哼了一声进了屋。

40 平方米的二居室分不出客厅，张清河主任被请坐在墙角女儿的单人床上。40 瓦管灯荧光下面，张主任脸色细嫩而又有光泽。他见到主人吴语便起身说道：“小吴啊，还用我们上次约定的称呼叫你了，我张清河是不请自到，虽说算不上烧香，也算是礼尚往来嘛！”

吴语很客气，脸上也扬起了微笑，这位张主任毕竟是媳妇杨青的恩人，面子上总要过得去。

吴语说：“张主任屈尊了，家里寒酸，无落脚之地，我这里不是殿堂，摆不下佛神，充其量只能算作穷乡僻壤里那向阳坡头上的小土地庙呀。”

张清河说：“俗话说庙小神仙大嘛！你我虽然同供一神，那就是共产党嘛，但烧香念经的路数不尽相同，今天也算是交流一下心得，求同存异嘛。”

“好啊，张主任是前辈，学识深奥，这方面积累的经验不少，愿洗耳恭听。”吴语说完，接过女儿递过来的小板凳，坐在了张清河的对面。

“好！那我就倚老卖老，今天咱先不说党性，先说说做人，再说做事！”张清河开始了挑战。

“张主任，我不明白！人就是人，人的自然属性确定了人的基本品质，人从自然人到社会人的转换，还需要做，做什么呢？”

“你很聪明呀小吴，你抢了我的第二句话，那好，我就说第三句话。人从自然到社会需要色彩，那就是五颜六色的外衣，这也算作是包装吧。包装是一门学问，什么时候应该穿红色的，什么时候应该穿黑色的，这些都需要做。学会做，这是做人的第一门学问，也叫作艺术。”

“还有第二门学问？”吴语问道。

“当然有了，这第二门学问就是品质与风格，当然品质隶属于自然属性的范畴，不是我们讨论的主题。风格是什么？那就是你的阅历、经历的磨炼，政治风浪中的沉浮，荣辱不惊的涵养，驾驭矛盾的能力，见风使舵的嗅觉等等很多方面。而练就出的一种工作经验和套数，给群众留下的鲜明的印象，渐渐地成为你个人的流派，而别人无法模仿复制，这就叫作风格吧！”

“有道理。”吴语暗暗佩服这位张主任的能言善辩。

“第三门学问就是形式和内容的统一，形式要服务于内容，与内容不统一的形式要变换，直线走不通就走曲线，绕个弯，达到目的就行了，我把它叫作目的地确定论。学会这些道理，才学会了做人，做一个社会人，好人、坏人角色的变换都要根据环境而确定！”

“张主任的理论总体上我还能够接受，就个别论点还不能苟同，在求同存异的基础上，就请直接亮出你要对我说的话吧。”其实吴语早就料到张主任会考虑到在他官职提升和调查违纪的时候，吴语所处的特殊位置。

“好，小吴痛快，那我就直说吧！”张主任习惯地从衣袋里摸出了他的专制白包香烟，抽出一支在鼻子上闻了闻，抬头看了看墙上写的四个字“禁止吸烟”，扭头对吴语的女儿说：“吴语赞好名字，这四个毛笔字也是你写的吧。”

“是的，禁止吸烟是柳体，爸爸教的，也是限制爸爸的。对你这样的大领导可以行使外交豁免权。”

“将门出虎子，好一个伶牙俐齿的闺女，那就谢谢你了！”张清河边说边点燃了香烟，他深深地吸了一口之后，看了眼前的吴语，见他没有丝毫想抽烟的意思，张清河便将香烟揣了起来。

张清河变得一脸严肃，他说："吴语同志，我来你家的目的你心里十分清楚，当然是为了那些可恶的所谓告状信、检举信。这些信诋毁了我的人格，影响我的进步，其实，更重要的是影响了我们共同信仰的神的形象。而你千辛万苦费尽气力的结果，又与实事相差甚远，这有什么意思呢？难道是和我张清河故意过不去？不看佛面，看僧面，杨青同志毕竟是我给调回来的，解决了你们家的困难。再说了，你这样不听劝阻，客观上是同县委、县委组织部对着干嘛，并影响着自己的前途。小吴啊，你太不明智了！"

"张主任，你怎么知道我的辛勤努力与事实相差甚远呢？说句你不愿听的话，检举信中的事例绝大多数都已查证。我可以对我们供奉的神发誓，你张主任这个信徒已经不能继续念这本经了，你把经书念歪了，神是要处罚的！要吐故纳新的。至于和你过不去的话就更不存在了，杨青调动工作无论背景如何，从私讲，你帮助了我的家，又怎能以怨报恩呢！"

张清河的脸色变成了紫暗，得意霸气的眼神迅速转换成了可怜，还有一丝乞求的流露。整个身体都软绵绵的，他立马换了一种语气。

"小吴，你刚才说到了私，今天你张大哥算是来求你了，请你高抬贵手，让我张清河渡过这一关，等我任职后，你愿意查，再查不晚。我同李峰书记的关系……这次政协副主席的人选也可以证实了。换句话说，我可以立刻让你小吴看到县委对你的任命，这绝不是什么交易，纪委副书记给你也是应该的。"

吴语觉得眼前的张清河，从职务的高峰一下子跌入了做人的低谷，在他的眼里变得一钱不值了，没有了光环的笼罩。吴语立刻转回到了自己职业查案角色里。

"张主任，有一个事情我想请问，不知纪委的宋明亮，组织部的宋小英又和你是什么关系呢？"吴语引蛇出洞了。

“好吧，我都告诉你，宋小英你知道的，我们同在教育系统，而她是我的老部下，是我一手提拔起来的干部，并推荐到今天这个重要岗位上。”

“不光光是老部下吧，听说你们个人关系也非同一般。”吴语继续问道。

“那是当然了，工作关系的紧密，确实是建立在个人关系亲密的基础上，听说她现在和李峰书记的关系相处得也很融洽。”

“那宋明亮呢？他怎么会为你张主任开车去了五道沟镇。”

“好哇，你小吴精明，既然你已知道，我也不瞒着你，宋明亮是宋小英的叔伯哥哥，你也应该想到的，你们认为这些很复杂的关系网其实就这么简单。怎么样，小吴，公私都说了，咱们就来个心照不宣吧。”

张主任边说边站起身子，从随身的手提包里掏出了两条软包红中华牌香烟，并从衣袋里拿出一个牛皮纸的大信封，鼓鼓囊囊的信封，顺手也放在了女儿的床上。

这时的吴语突然心情愉快起来，眼前骄横的张主任已经承认输了第一局。他见硬的不行就来软的。女儿床上的信封里装满了张清河的自信。“有钱能使鬼推磨”，这个处世哲学让他张清河从一个小学教师一路走得顺当，铺垫着爬上了县教委主任的宝座。眼看着又要爬上县级干部的高官交椅，他怎能被眼前这位——一个小小的股级干部就坏了大事呢？送钱！张清河不信会有人见钱不眼开，不动心。

吴语开了眼，多少案子的破获，证据情节都留在了纸上。今天他活生生地体验了一次真切的现场说法。他确实没有见过这么多的钱，盼着有一日也能挣这么多钱，装修一下房子，添置一些新家具……

“张主任，话还没说完，你就要走？”吴语并没有起身，稳稳地坐在小板凳上。

“小吴请说。”张清河又重新坐回到吴语赞的小床上。

“张主任，能请我抽一支你的白牌香烟吗？”吴语说完并回头看了一眼自己的女儿。

女儿明白：“今天特殊，看着张主任的面子，爸爸就抽一根吧。”

张清河这时什么也都不顾忌了，礼都送了，还怕人家知道自己的专利，他清楚，吴语什么都会知道的。

吴语接过张清河从白色烟盒里抽出来的那支香烟。他先是放在鼻子上闻了闻，一股诱人的香气，正是烟草散发出的那股欲醉心魂的味道。吴语这一辈子最大的嗜好就是抽烟了。然后，他又把烟卷举到自己的眼前，洁白的烟杆上印着两个字——中华。吴语抬起头来笑了。

张清河也笑了，两眼眯成一条缝，嘴里还唠叨着：“抽吧，抽吧，比中华还好，内部专供。”

吴语把烟对准女儿递过来点着的火柴，猛猛地，狠狠地吸了一口，香烟发出微弱的爆燃声，火亮迅速往前推进，留下了一段软软弯曲的白色烟灰。吴语像过足了瘾的大烟客，脸上的笑容收敛了起来。

“张主任，这香烧得不错呀，可烟火太贵重了，会吓着神的。南普陀的一位住持曾告诉过我，命靠自我呀！光靠烟火是堆砌不成人生的长城啊，我劝张主任把这烟火送到民间去，普度众生啊，这都是我们供奉的佛的旨意。”

“小吴呀！普度众生我懂，你也是众生的一员嘛，你也很需要。很简单的道理，你不用烟火就普度了我的需要，一举两得，就这么办了，佛会理解的。”

张清河的意图全都说明白了，他不想拖延剩下的时间，他再次站起身来。

吴语也站起身来说道："张主任觉得香已烧过，剩下的就是心到佛知了。可我吴语和你的好朋友宋明亮打过赌，在神面前起过誓，我是要当爷的！杨青啊，张主任要走了，你出来送一送！"吴语移步堵住了张清河的去路。

杨青从里屋跑了出来，老丈人杨得福也随女儿走了出来。杨青看见丈夫的眼色，连忙将床上的香烟和信封往张主任的提包里塞，嘴里一个劲地嘟噜着："张主任这哪里使得，我们家的小庙要塌的！"

"怎么？杨青、吴语，你们夫妻二人这不是打我张清河的脸嘛！我和杨青是上下级，和你吴语算是个朋友，官还不打送礼的呢，你们吴家的门窗总不能从房顶上开吧！"

"张主任，我们之间话已说透，朋友归朋友，案子归案子。吴语对你负责任，决不会半途而废，佛说了，这本经是要念到底的呀！"

"咳！小吴你真是油盐不进、不食人间烟火啊，过早地把门封上，那好，既然不给我老张的脸，你吴语也太没意思了，也真是太有意思了，朋友呢，各占一'月'字，让你拆散了。那咱们就往前走，各念各的经，老张我照样当上这个县级领导！"

张清河恼羞成怒，没有了斯文，气冲冲摔门而去。

小屋里的老人杨得福也急了，他弄不懂官场上的花花肠子，他只知道这位张主任帮助过自己的女儿。女婿这样对待他们的恩人不应该。老人第一次冲着吴语发了火："你们……嗐！这做的是什么人哪！"

九

吴语静静地躺在青山县医院外科急救室的病床上，他头上缠满了白纱布，水肿的脸就像吹鼓了的猪尿泡，那双透亮的大眼睛被挤压成了两条细细的缝隙，还有眼角处流淌下来的两滴晶莹的泪珠。

一夜没有合眼的王直书记极力控制着情绪，安慰着自己这位得力的部下，不让吴语过分激动。杨青红肿着眼泡，拉着泣不成声的女儿吴语赞走出了病房，老人杨得福和平日里不多语的母亲，呆板地坐在走廊里的长条板凳上，默不作声，全家人都无法接受这从天而降的横祸。

案件惊动了县委书记李峰，他带着公安局的同志来到了病床前，他拍了拍吴语的肩膀，说了几句官话便将王直书记叫了出来，直奔院长办公室。公安局的同志向吴语询问了昨天晚上发生的这起恶性案件。

院长办公室里两位书记的意见发生了分歧，纪委书记王直第一次公开顶撞了他的这位顶头上司。

“李书记，我不同意你的这种判断，这绝不是简单的治安案件，是一起行凶报复并带有政治色彩的极其恶劣的案件，一定和吴语同志查证的案件有关，我请求县委要求公安局限期破案，否则将影响到纪委的形象和今后工作的开展。”

“王直同志，你也未免太武断了吧，不就是晚上回家挨了一闷棍嘛，这在咱们青山也不是第一次了，破了案的结果，都是因为一些鸡毛蒜皮的事。今天，轮到你们县纪委就是政治案件了？说明了，就因为是吴语同志挨了闷棍，就非要和查证张清河的案子联系到一起？”

“李书记，我王直可以用党性保证，吴语同志被打绝不是他个人的事情。”

“王直同志！你怎么这么固执，吴语有什么特殊？他也是个普通老百姓。公安局秉公执法，在这个问题上，我李峰不会给予什么特殊照顾！”

“好！李书记，话既然说到这份上了，我也说句官话，也是一句实话真话。你是书记，是班长，我是常委，咱们在党内是平等的，没有什么高低贵贱之分，既然你不理睬我的意见，那好，我保留意见，但有权向市纪委反映这一情况。”

“王直！今天你终于披挂上阵了，吴语不按县委指示一意孤行，我早知道你就是后台！你根本就没把我李峰放在眼里。我也再跟你说句官话，纪委必须立刻停止对张清河同志的查证！”

王直气得刀削的瘦脸青一阵紫一阵，双手不停地抖动。他强力压制自己的爆发，这个时候还不能和李峰撕破了脸，这对案件的查证更会雪上加霜，忍，再忍。王直的心脏不好，关键时刻，决不能还未上阵就倒下来。想到这里，他从衣袋里掏出速效救心丸，哆哆嗦嗦也不知倒在手里多少粒，药瓶便掉在了地上。

王直抓过院长桌上的半瓶矿泉水将药吞了下去，他一句话没说离开了院长办公室，县委书记李峰居然毫无反应，表情木讷地坐在院长的那把转椅上，眼睛死死盯住脚下那一片散落的黑色药丸。

两位书记的争执和吴语的住院，使县教委主任张清河的案子自然不自然地搁在了旱地上，县政协副主席的职位也就板上钉钉地落在了张清河的身上，一切都是那样的顺理成章。

吴语的病房变得十分清冷了，除了王直书记，纪委的那些平日里十分要好的同志们，竟一个也不敢来看望。吴语知道深浅，他不怪罪。让他心理平衡的倒是接连不断的手机短信，安慰的、愤怒的、打抱不平的。让他感动的更是不知姓名的青山县的百姓，他们很有办法，找来了吴语的手机号码，短短的几行字，都让吴语的精神再次振作，他决定提前出院，回家养伤尽快投入到工作中去。

夜幕降临，昏暗的楼道里相互看不清脸面，进出的同志擦肩而过并不作声，只是心照不宣地点一下头，大家都很清楚，此处无声胜有声。

吴语家比过年还热闹，认识的、不太认识的把三伏夏夜搞得像蒸笼。吴语依偎着床上的被窝垛，汗流浃背地向来人微笑着、寒暄着，激动的他，把眼泪和汗珠一把把不停地擦拭着。杨青送走了一伙又一伙的客人，女儿把花花绿绿的礼品从头看到尾，摆放在自己的小床下面。

最后两个客人结伴而来，一个是当年给张清河开车的司机陈晓明，一个是给刘玉娥丈夫做尸验的法医孟兆胜。吴语多次找过他们，每一次都碰了壁，弄了一鼻子灰。不承想今天他俩一块来看自己，莫非是因为俺对查处张清河案子的执着，还是遭到恶人的报复而让他们感动或内疚。

陈晓明、孟兆胜各自没有带什么礼品，但也不是拎着空空的十个手指头，他们带来了当时事件发生的真相。吴语像打了一针吗啡，噌地跳下了床，开始了询问和记录。

张清河早年就看中了刘玉娥，心里开始谋划了一整套的猎艳方案。他先是把刘玉娥从五道沟小学的代课老师转为五道沟镇中学的民办教师。这一招确实生效，取得了刘玉娥的信任。然后，他又把刘玉娥的丈夫，一个普通忠厚的农民，转成了合同制工人，安排在四道镇小学当了校工，两口子农民突然端上了铁饭碗，高兴得把张清河捧为了座上宾。逢年过节不断在家里做一些山珍野味、农家饭菜招待他们的恩人张清河，而张清河说他最喜欢刘老师做的农家饭。

心地善良倔强的刘玉娥渐渐警觉了，张清河借由经常对她动手动脚。一开始她还觉得这位张主任是借酒撒疯，占点小便宜也就算了。让刘玉娥没有想到，这位道貌岸然的上司、长辈却得寸进尺，把她强按在炕上，衣服也被撕破了……刘玉娥急眼了，宁死不从，俗话说，“好汉奸不了打滚的女”。这位张清河知道，心急也吃不下这块热豆腐，那一次就这样不欢而散。

刘玉娥告诉了老实的丈夫孙富，孙富患有先天性心脏病，着急住了院。好了之后反回来劝慰妻子宽心，说张主任是酒后无德，酒醒了邪恶也就消了。今后咱别再引狼入室，这位张主任得罪不得，夫妻俩的命运现在都掌控在人家的手心里面。

刘玉娥躲闪，丈夫孙富也时常骑摩托车从四道沟跑回家里转上一圈。小半年的时间竟也相安无事。

暑夏，五道沟的傍晚仍见风爽，汗不沾肤。山沟沟里的女人很少穿裙子，刘玉娥更不敢显露，只是放学后回到自己的宅院，这才穿上大红的绸裙，在小院里飘上一圈，以慰女人爱美的本性。

张清河这天下午在五道沟中学视察完工作，镇党委、政府和学校宴请了这位青山县的实力派。张主任喝高了，吩咐司机陈晓明直奔了刘玉娥老师的家。

抓心挠肺的张清河急不可待，他推开院门，见到红裙露腿、奶峰高耸的刘玉娥，便顾不上比自己年长的司机陈晓明碍眼，他完全丧失了理智，欲火烧身，而不能自拔，进得小院连招呼都没打，把这半年的朝思夜恋变成了火山爆发，他疯狂地冲向了毫无准备的刘玉娥。

陈晓明惊傻了，这位经他伺候多年的老领导，在他心目中慈爱平和的师表，竟然变成了一头发疯的牲口。陈师傅不敢拦，也拦不住，想喊又觉得一口黏痰封死了整个喉咙……

转眼之间，晚霞中亭亭玉立的仙女，被张清河撕扯得衣不遮体，蓬发散乱。但刘玉娥却没有高声呼喊，她用自己最后的一点力气挣扎、拼搏，维护着女人残存的那一点尊严。

在这关键时候，小院门外冲进了刘玉娥的丈夫孙富。老实巴交的孙富在这一瞬间也变成了男人，他挡在张清河的面前，双手狠狠抓住这位安排他们夫妻工作的恩人的衣衫，他愤怒得一句话都说不出来，脸色由红变青，又由青变白没有了血色，上下牙床急促地敲打着，浑身激烈地抖动着。突然，孙富铁扇般的双手软绵下来，双腿变成了两根面条，身子一歪重重地仰面朝天地摔倒在张清河的面前。

刘玉娥见状，一个箭步扑到丈夫的眼前，从孙富的衣袋掏出了救心丸……

张清河清醒了，他面对刘玉娥的乞求和陈晓明的提示，拒绝用车把孙富送到医院……

刘玉娥披麻戴孝三年告状无果。陈晓明被安排在县教委印刷厂当了厂长，嘴堵住了，而法医验尸报告的结论是，孙富犯先天性心脏病急性发作而死，删去了因外因刺激而导致的因果关系。

吴语搁下手中的笔，长长出了口气。半年艰辛的调查取证最终画上了个句号。

吴语走进卧室，十平方米的小屋里除了一张双人床之外，凡是能够利用的空间，都被生活用品占满，它们依照主次排序往高空延伸。唯独东墙的一边是空的，墙的正中央放了一件山榆木制作的小条案，这是他家唯一的一件新家具，条案上端放着一尊毛泽东主席的半身白瓷像，那是按照伟人原型尺寸塑造的。

吴语走上前去，用条案上的专用棉布，擦拭着没有一丝灰尘的毛主席像。这已形成了习惯，每当一宗案件终结，他首先想到的就是毛主席。

吴语格外地喜爱这尊毛主席半身像。不少古董收藏家花高价钱想买他的这件文物，他毫不动摇，虽然这件历史珍品得来全不费功夫。

那是二十年前的事了，他到县委党校学习。改革开放了，党校在清扫过去的陈腐，仓库的破烂、散架子的毛主席语录牌、两报一刊成捆的废纸，装满了几个收垃圾老汉的小推车。吴语一眼看到杂物中间的毛主席瓷像，如获至宝，他急忙拦住了小推车，叫住了党校的总务处主任，定要留下那尊毛主席瓷像。主任笑了笑，这还不好办，拿走吧。真的！吴语喜出望外，没有顾得上请假，抱着毛主席像回到了当时居住的平房里，把毛主席安放在他家只有 19 平方米的土房中。

吴语把毛主席像擦洗干净，瓷像的底端还铸有“省城工农兵陶瓷厂”的字迹。

吴语把瓷像的来历告诉了陈晓明和孟兆胜，两个人也恭恭敬敬地给毛主席半身像深深地鞠上了一躬。

十

深秋的山峦变成了一层层的彩练，由山顶依次往山根伸延，灰、黄、红、绿。道路两旁笔直高大的落叶松，在晚霞的映照下，一会儿艳红，一会儿娇黄。漫岗的原野上，淡蓝色的收割机收割着丰收的大豆。吴语无心欣赏北方秋季特有的自然油画，他回味着在市纪委书记办公室的那一番谈话。

吴语在县纪委王直书记的引见下，见到了市纪委的张峥书记。张书记说他认识青山县的政协副主席张清河，当然是李峰书记介绍的，前几天也到他办公室来过，并主动介绍了检举告状信的内容。

吴语恭敬地将调查取证材料的复印件呈给了张峥书记，静候书记认真审阅。

“好哇！铁证如山，谢谢你了，吴语同志，听说你为此还挨了闷棍，我要代表全市的纪检干部谢谢你呀！”

“张书记，这是我的职责，最基本的职责，不然，就不能算作一名称职的纪检干部。”

“吴语，我怎么听说你还信神弄鬼的，大谈什么烧香拜佛？”

“张书记，哪有的事？要说信神，我信的就是党。供奉的神像确有一尊，那就是毛主席的半身瓷像。至于和张清河论经盘道，纯属斗争艺术。”吴语脸红了，有些不好意思。

张峥书记大笑起来，他很欣赏眼前的吴语，快言快语，毫不掩饰，看来王直同志介绍的情况无误。

张峥接着话题一转说：“小吴同志，张清河问题虽然清楚了，怎么处理也很棘手呀，他现在毕竟是处级干部了，需要市委常委来讨论。更重要的一点，如果他和你们青山县委李峰同志的关系成立的话，县委的意见也很重要。因此，斗争很复杂，结果呢也不容乐观。”

吴语明白了张书记的意思，党内党外都有严格的规则，明摆着看得见摸得着，执行起来冠冕堂皇却敷衍了事。党内党外还有一些约定俗成的潜规则，大家心照不宣，却认真执行，一丝不苟。这也同经济上的双轨制一样，祸害党的肌体呀。

张峥书记接着说：“我们还要保护好我们自己的干部呀，你在青山县的处境表面上风平浪静，桌子下面却暗涌横生，说不准哪时就穿帮一个，受点皮肉之苦，挨了一闷棍是小事，更重要的影响你的前途，影响咱们纪委工作的开展。”

“张书记，这些我都不怕，要的是我们给老百姓一个公正。至于前途，当不当县纪委副书记我不照样查案子吗？”

“小吴同志也不要悲观，共产党的天下嘛，还有纪委这一级组织，这些都是你做好工作的保证。当然，特殊的环境需要特殊的斗争手段，我和王直书记也商量过了，纪委的干部以条为主，条块结合，需要的话，我们可以调你来市纪委任室主任嘛，然后再派到青山县纪委任副书记，一切都从有利于党的纪检监察工作开展出发！”

吴语语塞了，热泪一下涌满了眼眶……

血红的太阳掉在了山的背后，汽车沿着盘山路驶上了大青山顶。山下的青山县城在昏暗中忽地亮堂起来，万家灯火一起闪烁着眼睛，它们和天上的繁星对接起来，支撑起这一片深邃的天空。

2008 年 2 月 26 日

附：小说三要素

——读黎晶小说《纪委小干部》有感

吴秉杰

读完黎晶官场小说的又一部新作《纪委小干部》之后，立刻让我想到中国的官场小说兴盛的数十年，从新时期文学的发端便有了官场小说。譬如《新星》这部长篇小说，便写的是李向南与顾荣的官场斗争。不过当时的主题名为改革，现在的主题则是反腐败。《新星》当年在茅盾文学奖评奖中得票名列第四，未过三分之二，差一点就获奖了。只是由于一种对“清官政治”的批判（不是批判清官），因为李向南和顾荣政治斗争中使用的是同一种武器，譬如运用个人权力、寻找上级后台，人们怀疑20年后李向南是否又会成为另一个顾荣，如同20年前的顾荣很可能就是李向南一样，因此，当年《新星》才没有得到普遍认同。和黎晶交谈，得知他也是北京知青，当了东北某市的市委书记，被百姓称为“李向南”。事隔多年了，上世纪80年代的“路线”斗争已演变成90年代至今的反腐败斗争。政治权力在市场经济条件下已物化成利益追求。不过有一点并没有改变，仍然是同属官场，仍然是都有权力的掩护。黎晶的小说给读者提供了官场体制中的某种缺失。

官场处在中国政治生活乃至社会生活的核心地位，自然引起大众关注。网络上写到腐败官员的小说观者如堵，议论纷纭，据说传播到国外，同样有读者感兴趣。然而，这类创作的文学评论却很少。何以如此？有人认为作品缺少文学深度，不言自明，不需要评论，这似乎是一个与审美、与情感、与自我处世为人缺乏相关性的领域。且莫急于下这样的结论，譬如问一下：假如你处于官场小说作品主人公的地位将会如何表现？却实在是一个轻易不好回答，需要慎重，需要证明，否则你即便说了人家也不会轻易相信的问题。我以前曾经写道："那种人人反感，而又人人卷入；人人受害，而又人人响应；人人感受到身受着强大的束缚，而又人人无法摆脱这种束缚，几乎如此或大体如此！这种状况过去、现在都可能存在着。在这种时候，主体的反省与自省便变得格外可贵。"在上世纪的80年代，那叫作"不正之风"，现在则叫"腐败"。当前的官场小说都把腐败写到触犯刑律为止，最后绳之以法。从黎晶的官场系列小说《信访局长》《男儿河》《云手》《选择》等，到今天的《纪委小干部》，揭示的是官场文化中的普遍性，官员本身的双重性，他们不会超脱出社会。黎晶小说的官员，没有严格意义上的好人与坏人，他们身上的风气，甚至是腐败，既是个体行为的表现，又是社会深层观念、价值取向的表演，其内涵和外延都是远远要大于犯法的。

于是，便可以引到下面所说的官场小说创作的三点疑问，或说反腐败通常会触及的三个要素：道德、思想、环境。道德处理人与人之间的关系，中国式道德包含着人情世故，礼尚往来。其中也折射官场关系，譬如上下级与其他官场中相互需要、相互依存的联系。黎晶的小说中也写到了这一点，如"官不打送礼的"。也许还可以扩大一点，官不打笑脸人，官不打自己人。这自然还可以上升到政治道德的高度，但绝非危危乎，正邪誓不两立那么简单。然后是思想，人无思想不立。这句话现在似乎已改成人无欲望不立。如何把深层的欲望与深刻的思想结合起来，满足人之为人的要求，是文学具有启示意义和持久感染力要解决的问题。张平的《抉择》中给我留下深刻印象的便是它揭露了那些腐败干部的真实思想，那真是让人触目惊心。而黎晶小说中的小干部吴语刚正廉洁的本质下面，展示给读者的是人性中无法抹去的普通，读起来亲切可信。当前反腐败文学创作与其把力气花在耸人听闻的事件上（那可以留给网络传媒），不如更多地把笔墨放在人物的心理活动上。接着便是环境，“郁郁涧底松，离离山上苗，以彼径寸茎，荫此百尺条…… 地势使之然，由来非一朝”。大环境或小环境结合了人的生存，你可以把它叫作此在、生存、生存状态。存在决定意识这个朴素的真理永远也不过时。《纪委小干部》的文学表现让人性舒展自然，对于漂浮在人性之上的道德、思想的揭示又总是延伸到环境。

黎晶的小说中第一个让我难忘的细节是送礼。县纪委的吴语到教委张主任家送礼，战战兢兢，尴尴尬尬，心绪不宁，心曲复杂。“今年过年不收礼”，这是县纪委的通知要求，而吴语则是一个嫉恶如仇、正直的素来瞧不起请托送礼的纪检干部，这种尴尬的心理描写不可避免。这仅仅是一个普通的现象。同样的送礼还发生在县委书记李峰家中，一幅条幅或说“通知”赫然置于镜框中，“谢谢来我家看望我的同志们…… 请拿回去你们带来的东西，这是党的纪律，也是我的规矩。”但在这规矩的背后，送礼的人依然络绎不绝，这又是一个充满矛盾的现象。而张清河屈尊贵体到小干部吴语家送礼反其道而行之的奥妙又是那样的直白省力。礼下于人，必有所求。吴语上教委张清河主任家是为了爱人的工作调动问题，上李书记家则又与县纪委要任命一位副书记的人选有关，张清河的深入基层只是为了自身的政治生命。由此引出暗示、嘱托、领导指示、交易关系、环境的复杂性和伪装。吴语则处在矛盾的漩涡之中。

黎晶的小说另一让我感兴趣的特点是作者现实性的细节描写，这种细节描写又是这样真实令人惊叹。比如：作者对于无事不登三宝殿的解释。把三宝中烧香拜佛的大雄宝殿与另二宝——藏经阁和僧房区分了开来。而后二者则是普通人不能得见的。这又使吴语和张清河的正面交锋如打佛家偈语。它从一种文化联系到另一种文化转折有致，而烧香者的心态是各个不同的。一方面是地势使然，身不由己；另一方面市场经济条件下，权力关系又转化成了利益关系。人与环境的统一，是官场小说具有文化涵义的必要前提。当然它最终仍需要在小说人物的思想、品格、感情中体现出来。吴语顶住压力，最后宁可个人利益受损和不被提拔，也要把案子彻底查到底，反映了来自底层的民心和正气。

黎晶先生本人是有几十年的当官经历的，熟悉官场，又写反腐小说。他强调小人物、普通人，即使写的是纪委干部，注重的也是其中的小人物，小干部。着力避开了当前一些官场小说的套路，进一步突出了黎晶小说的现实意义。

民以食为天

——一个县委书记的日记（之一）

生存的真相，爱的伟大，人和社会的改变原来都和吃饭这件事密不可分，真的是民以食为天。一个县委书记的十篇日记讲的就是关于吃饭问题的故事，贴近生活，感情真挚，生动有趣，值得一读。

西山县委书记梁良有一本特殊的日记，它区别于那些“民情访问”“工作日志”等诸多辅助工作的日记。那它是一本完全属于他个人隐私或者涉及秘密的日记？不是的，它是一本半公半私的日记，记录了梁良大半生的追求。日记中反映的那些迷茫与感悟、责任与良知、痛快和烦恼，都围绕着一个古老民族百姓生存的话题——民生为何？

一个偶然的机会，笔者有幸看到了这本日记，豁然开朗。朴实清新的文字，吹去了许多笼罩在脑海中的阴云，气朗神清。梁良，一个在平民百姓中位高权重的父母官，原来就是他们中间的一员。县委书记的奢望、爱好和追求与他们没有什么两样，甚至有过之而无不及，这让百姓们产生了对梁良的怜悯和同情。

2001 年 12 月 8 日　晴

疲倦不堪，感谢上苍给了我一个没有接待任务的晚餐。县委小食堂虽然比县宾馆的饭菜家常化一些，但仍然摆脱不掉那些俗套的样式，那些阿谀奉承、前呼后拥的接待，实在让人烦透了，没有一块属于自己的空间。

我真想为自己吃一顿属于我的饭菜。前日傍晚，从宾馆回到县委大院的路上，繁华嘈杂的街市口，小桥拐弯处多了一盏灰暗的灯箱，灯箱里飞跃出的歪歪斜斜的色彩，却吊起了我的胃口。“东北酸菜饺子馆”勾我回忆起那段黑龙江知青时代的生活。

我拽着秘书小黄走僻静小路钻胡同小巷光顾了这家让人心动的小店。

我身材高大特征明显，唯恐别人认出招惹麻烦。我低着头躲在小黄的身后，背着门庭坐在了不大的小餐馆的一角。

老板娘热情地递过来一盘东北产的“毛嗑”，其实就是葵花子，还有一缸浑浊得没有了颜色的淡茶。这简单的招待，却让我这个见过大世面的七品县官回到了过去，着实激动了一把。

我推掉那本油兮兮的菜谱，顺口溜出了菜单：“一盘东北的老虎菜和一盘尖椒炒干豆腐，半斤装的北大仓烧酒，58 度的，一斤猪肉酸菜馅饺子，饭菜一块上，快点！”

老板娘脸上立刻堆出了惊诧：“老板也是东北人？这饭菜点得地道，虽然你们是第一次到俺小店来。”

我把头连忙扭了回去。小黄站起身来扳过老板娘宽厚的肩背：“废什么话，赶快准备菜去！”黄秘书低声低语地斥道。

我瞪了小黄一眼，秘书明白，再无言语。

老板娘十分会来事，她将烧酒烫热后端了上来。两个菜一冷一热同时摆在了我的面前，随后，热气腾腾的两大盘水饺将不大的桌面占满。黄秘书连忙将酒斟上。我的眼睛变大了，食欲大增，甚至不顾了斯文，举筷将一个滚烫的水饺投入了嘴中，久违的味道让我情不自禁地道出了一声：“好！”

“县委书记梁良在西山县西河镇召开了村级党组织建设现场会……”吧台上那台电视机里开始播放西山县的晚间新闻了，荧屏上我的一个讲话的特写填满了整个屏幕。

老板娘端着一碟拍好的蒜泥愣在了我和电视机的中间。

“哎呀！瞧俺的眼拙的，这么大的县委书记屈驾小店，这可是做梦也想不到的美事，蓬荜生辉呀！”老板娘突然尖叫起来。

小店的食客们忽地都站了起来，向我这里张望。“哟！真是梁书记呀，赶快再添上几个菜，记到我的账上！”一个中年人向老板娘下达了命令，然后走到我的小桌旁搭讪着说：“梁书记，您不认识我吧，我是县交通局的办公室主任小范，没想到梁书记也到这小店吃饭，不，应该是体察民情到这基层市井，真没想到！”

一位老者丢下碗筷，用桌子上的餐巾纸擦了擦鼻梁上的老花镜，凑了过来：“噢，是梁书记，和电视机里的一模一样，我是东北的南下干部，愿吃这一口，梁书记也是东北人？”

一位邻桌的中年妇女走了过来：“梁书记，这可是老天有眼呀，几次到信访办也没见到您，没承想，咳！这可真是的，我这冤屈可以申诉了。”女人从怀里掏出一封皱皱巴巴的信件递了过来。

我被围在了中间，饭菜没有了味道，肚子里“咕噜咕噜”的叫声没有了，我一下子又回到了场面上，笑着和大家一起握了手，寒暄着。秘书小黄和交通局的小范费了力气把我从小店里“解救”出来。嗐！真可惜，只吃了一个酸菜饺子。

我回到办公室里间，躺在了床上，回绝了小黄从食堂端来的鸡蛋面条。一点食欲也没有了，心里隐隐约约地感觉到了一丝失落。

我闭上眼睛，陷入了深深的思考，这失去的是什么……

1965年6月15日　晴

初中一年级，父亲被打成“右派”回到了农村，全家的口粮变成了生产队分给的那一点带皮的玉米粒，兄弟姐妹们都饿红了眼睛。城里带来的那点脸上的红润，变成了黄绿相间的菜色。那个时候我才开始有了理想，人生一辈子的追求，那就是填饱肚子。村子里的大婶大妈们见我可怜，经常偷偷地塞给我半块玉米面的贴饼子。

那时我年龄虽小，却长了一个傻大个子，妈妈说我长那么高有什么用，又费布票又费粮票的。可农村有句俗话叫作“身大力不亏”。左邻右舍见我个子大就经常招呼我帮助他们干点零活。每逢遇到这种事情，我的第一句就是：“管饭吗？能吃饱吗？”

一日，张婶的公爹去世了，正赶上是星期天，张婶把我叫到她的家里，给我写了一张纸条，上面标记着河北省三河县、香河县四位亲戚的住址，叫我通知他们前来吊丧。张婶笑眯眯地告诉我：“孩子，去吧，这可是个好活，能吃饱饭，而且是白面的！”我兴高采烈，骑上家里唯一能在农村骄傲的那辆自行车，外祖父留下的一台锈迹斑斑的日本平把自行车。

刚出村口，生产队长黑二爷将我拦下，递给了我一个黄帆布的大书包，并在我的耳朵边嘀嘀咕咕了一番。我瞪大了眼睛，似信非信。

耳边生风，运河堤上的柳树一片片地被我甩在了身后。

第一家到了，是张婶公爹的妹妹，农村管她叫老张家的姑奶奶。老太太人长得十分和善慈祥，并很健壮。老人抹去眼泪，便忙着点火做饭。我突然想起黑二爷教我的说法，便口无遮拦地说了出来：“您不要麻烦了，烙两张大饼吧，还有三家都等着送信呢，赶路要紧！”

张姑奶奶愣了一下，眼睛里闪现出一丝困惑，然后又笑了，笑得很勉强，说：“行啊！孩子，俺给你烙两张白面葱花油饼，留在路上吃！”

两张葱油饼放进书包里之后，我又一路疾驶，奔往第二家。葱油的香味一阵阵飘到我的心里，痒痒的，逼使我将书包从屁股后拉到了胸前，然后，一只手扶把，一只手将书包托到鼻子边闻了闻。

我真想吃，又想把它带回家，让全家人都吃上一口，我和全家一年都没沾一点白面星了，忍着，这滋味真让人难受。

第二家的情景和张姑奶奶一样，两张白面大饼又放进了宽大的书包里。四张了，这次我再也忍耐不住了，一出村口便将自行车丢到了那棵歪脖子大柳树下，迫不及待狼吞虎咽地干掉了一张大饼，那感受是我有生以来最幸福的一次。

风驰电掣，进入了香河县界，到第三家如是说。书包鼓了起来，有了五张大饼，一股成就感油然而生。

最后一家到了，太阳老爷已经和我成了垂直的一线。张家的这户亲戚一看便知是个富庶人家，传世的青砖青瓦的四合院，东西两棵高大的古槐遮住了三伏天毒辣的太阳。院里空无一人，我抹了一把满头的汗水，直奔正房的堂屋走去。

我是个冒失鬼，进院也没打声招呼，“咣当”一声就推开了虚掩的风门。

这一推不要紧，推出了从天而降的美事。堂屋里一位年轻的妇人正蹲在大柴锅旁烧开水，玉米秸填满了炉坑，火苗激烈地跳动着。旁边有几只芦花母鸡在玉米秸边悠闲地寻找瞎玉米粒。无巧不成书，就在妇人站起身来，掀开锅盖的一刹那，我推门进来，一只芦花鸡受到了惊吓，它两翅一抖，飞起身来，被一锅滚开的热水的哈气一熏，“噗嗤”一声落到了锅中，褪了毛。

妇人听到张家的丧信并无大的悲伤，却笑着拿过来一条干干净净的用井拔凉水投湿的毛巾，帮我擦干净脏兮兮的小脸说：“孩子，你好有口头福呀！大姐今儿个就给你炖了这只老母鸡！”

刚才心里那么一点的内疚，忽地就变成了一股无比的喜悦，我连忙将院外的自行车搬了进来。又仔细地看了看车后架上用柳条掩盖着的帆布书包。

满嘴，满手，满脸都是油，一只母鸡顷刻之间只剩下那碗漂着金黄色油花的鲜美鸡汤了。大姐一声没吭，坐在炕桌的对面，笑呵呵地看着我这场没有脸皮的厮杀，她将那碗汤推了过来，示意让我也喝下。

大姐看出来我是从城里轰回来的“黑五类”子女。

回家的路上得意得很，唱起了歌：“我是贫农的好后代，党的教导记心怀……”背着书包里的战利品，还有手里攥紧大姐慷慨给我的那一元钱。

感激黑二爷，更自负自己的命好。夕阳西下，见到了家里的烟囱冒了烟，村口黑二爷还站在那里，我明白了，这战利品应该分给他一半。

黑二爷笑了，只是嘱咐我赶快回家去，全家人都在等待着呢！别忘了，明天把书包还给他。

好人呀！世上好人总比坏人多！

2002 年 10 月 7 日　晴

终于醒了过来，浑身像是抽出骨头来的一堆烂肉。当天的事情当天办完，这是我的习惯，还是坚持补上了昨天的那篇日记。

省财政厅农村处的小王处长，是省政府王副省长的公子，人长得个头不大，脾气不小。人都说他说话狂妄，我却不这样认为，只要说话算数，兑了现，怎能说是狂妄呢?

小王处长盯上了我，他根本不在乎那一桌丰盛的饭菜，这对于他这个小财神爷来说，太司空见惯了。全省无论哪个市县接待他，每顿的菜谱都要由市县委的书记或县长亲自把关过目，忽视不得。他有点欺负人，逼着我一杯杯将五粮液灌进肚子。

“王处长，说句酒话吧，小老弟，我这酒真喝不下去了，不是我这个穷县的书记舍不得这点酒钱……”我在极力地推托，心里还真是舍不得，一瓶五粮液几百元呀!

“梁良书记，你少给我来这套！你们这些县委书记就知道哭穷。我也说句酒话，买你这位哥哥一个脸，扶个贫，从现在开始，你喝下一杯，我给你一万元，怎么样？这酒话保证兑现！”我松弛的眼皮一下子被王处长拉紧了，眼睛重新放射出干练的光亮。脑海中浮出西河镇的甘泉村，那是个名不副实的穷山庄，缺水呀！一处甘泉也没有，甭说庄稼浇水灌溉，连人畜饮水都有了困难。我在视察山村时曾拍过胸膛答应过人家，山民们给了我掌声，可是打口深水井需要投资近八万元，县财政没有这笔预算，正犯愁怎么兑现我那句豪言壮语呢，机会来了，我的神经从乙醇的麻醉中清醒了。

“王处长可说话算话？”我抄起酒瓶站了起来。

“梁良，你坐下，军中无戏言！”

“那好！服务员，请拿过来一个玻璃大茶杯。”

我激动了，将眼前的小杯倒满，然后一杯杯地又倒进了大茶杯，不多不少整整 8 杯。餐厅里鸦雀无声，王处长的红脸憋成了紫色，表情显得十分的复杂。是被我的行为所感动，还是为他脱口的承诺后悔呢?

我觉得自己是一个顶天立地的男子汉、英雄。看着在场所有的目光都聚焦在那杯满满透明充满诱惑的液体中。我小心翼翼端起它，生怕洒出一滴，8 万元呀，关系到几十户人家的切身利益。

手有些颤抖，千斤重的酒杯终于贴到了唇边，先小口，后大口，一滴未洒，一滴没剩。当我将空杯底朝天地演示后，掌声响起来。

小王处长得知 8 万元的去处后，将五粮液瓶里剩下的福根嘴对瓶吹了进去。然后叫过来陪酒的县财政局长说："8 万元涨到 10 万元了！那两万是我替哥哥喝的，钱明天就拨给梁书记，省里的钱随后补划。"

真真切切的酒话兑现了，决不会再节外生枝。精神支撑的基座突然塌陷，一股强大的冲击力从脚跟开始发起，浪潮般地涌向全身，一个浪花在脑海中溅起的时候，我没了知觉……

梦里，甘泉村锣鼓喧天，庆功大会上，我将胸前的大红花摘下，佩戴给县水利局打井队的田师傅。他们用了 10 天的时间，钻井 60 米，甘泉像井喷一样射向天空，全村的老百姓就像云南人过泼水节一样，不分男女老少，衣服湿透了，泪水和从天而降的甘露交织在一起，阳光下享受着祖祖辈辈没有尝试过的恩泽。

忽然，我懂了一个道理，吃饭喝酒除了填饱肚子之外，还有这么多的用途。

1966 年 9 月 30 日　晴

黑二爷在暑假期间又一次照顾了我，派我去公社水利民兵营顶替他的侄子。虽然只有短短一个月的时间，但能填饱肚子，每天中午还能吃上一顿细粮，再苦再累也不怕。当然了，我的个子大，谁也看不出是一个中学生。

活是太累了，大人们都受不了，何况是我。一天下来骨头架子都散了。农村有四大累活，叫作"挖河、筑堤、拔麦子、脱坯"。我和那些健壮如牛的青壮年的老爷们一样，平地里开挖出一条水利枢纽工程丰收渠。肩膀被土篮里沉重的河泥压得红肿，扁担上捆条毛巾也无济于事，几次都跌倒在河坡上，连长劝我回去换人。为了那点粮食，那顿吃一口没鼻梁子的白面馒头，咬着牙挺着，能挺一天算一天。

我的命好，工地里突然搭上了木架子，上面捆上了苇席，像一面墙，或者说是个屏风。大家推测是为了挡风沙，让民兵们有个吃午饭的地方。

“梁良你过来！”连长把我从河底叫了上来。

“听说你会写字画画，文章也写得不错？”

“是会一点，不能说太好，比一般的人多少强点。”我很得意地说。心里在想，老天公平，总要给人一次露脸的机会。

我被连长带到了连部，映入眼帘的是熟悉的纸张、排笔、墨汁和水彩，还有一本崭新的报头设计。

“梁良，这是报纸上的一些批判稿，你拣重要的挑，写好后，叫司号员小郭子帮你贴在大批判专栏上。完成之后，到连部食堂，给你炖了一碗红烧肉。”连长说罢扭身走了。

舞文弄墨要比挑土篮容易得多，我将自己所有的技艺全都用上，机会只此一回，决不能错过。

结果令人振奋。营长率领各连连长指导员视察了工地上的大批判专栏，营长眉飞色舞，他没有想到这帮清一色的农村民兵里居然还卧虎藏龙。我又一次被叫到岸上。

营长是个大麻脸，长得虽然难看，却很有领导观点，他和身旁的一位长得十分漂亮的女干部嘀咕了一会，便决定把我抽调到营部去搞宣传，刻钢板，出《工地战报》。

我在那位女干部手下开始了出人头地的工作。里里外外全是我一个人：采编稿件、刻版印刷、各连发送，工地广播忙得我得意高兴。让我觉得满足的不仅仅是脸面上的那一点虚荣，而是“权力”，我第一次尝到了“权力”的效应。借发送《工地战报》的机会，可以在营部直属的五个连队的食堂吃饭，敞开肚子吃，当然还都是细粮。

秋天的月夜透明清爽，五连的炊事班长突然找到我，他把我偷偷叫到营部房后面的那一大片玉米地里，他把用白纱布包着的十几个馒头，塞到了我的手里，他可怜我还是一个孩子，并知道我家的身世，叫我把这些只有春节才能吃上的白面馒头送回家去。

这可是要犯大错误的，弄不好还要出政治问题。可我只是个孩子呀，心里惦念着父母和兄弟姐妹，冒一回险，只此一次。

为了报答他——这位和黑二爷一样的好人，《工地战报》上经常出现五连炊事班的先进事迹。

接踵而来的是一、二、三、四连的炊事班，他们邀我去采访他们。

推开三连食堂的院门，扑面而来的是诱人的大炖肉的香气，瞬间便让我的嘴里和胃里产生了化学反应，干涩的口中不知从何处涌来一股股酸酸的口水，咽下去接着又被冲上来……原本是来给三连炊事班做工作的，这期《工地战报》版面有限，下期再刊登他们的消息。可是，这突如其来的红烧肉的袭击让我改变了主意。采访！这版就登。

当密密麻麻的歪扭文字写满口记本的时候，三连食堂那口大号柴锅的锅盖被揭开了。我惊呆了，第一次看到这么多数不清红亮亮、油光光的红烧猪肉。

“吃吧孩子，随你吃！”我接过炊事班长递过来的漏勺和那只特大的蓝花海碗，将漏勺贴着锅面游动着，专拣肥肉。肉汤从勺眼中流回锅里。一碗实实在在的大炖肉再也装不下了，我才小心翼翼将它放在葡萄架下的石条凳上，又从笼屉里拣了三个热气腾腾的大馒头。人生最幸福的时刻到了，我忘记了所有人的存在，狼吞虎咽地享受着人活着的最大夙愿。

当我松开裤带，艰难地挺起了腰离开这个充满诱惑的小院的时候，内心忽地闪念，这顿饭吃得不怎么光彩，有些违心，是用“权力”交换的？

我逃学了，假期被诱惑延长了。

2000 年 8 月 18 日　晴

这绝不是作秀，为了避免嫌疑，我将县电视台的记者们撵走后，陪着北京工业大学的教授们，骑上借来的自行车，穿越在玉米、高粱编织的青纱帐里，直奔小斗营村。这都是那位留洋回国的女教授的提议，一行五六个人，还真有点“武工队”的感觉。

教授们为小丰营村的新村建设规划进行了实地勘察后已时值中午。村委会安排了午饭，又是那位洋教授说：“我们不坐汽车下乡，就更不能到饭店去吃饭，我们要尝一尝地道的农家饭！”村主任小崔犯了愁，现在早已没有“派饭”了，上哪去吃呢？最理想的是到他自家里去吃，可老婆进了城，小崔不会做呀！这没关系，我揽下了做饭的差事，县委书记做饭？小崔有口难言。

藤蔓盘爬，菜果飘香的农家小院里热闹非凡，葫芦架下摆上了红漆的饭桌，大学的教授们不光会讲课，做起饭来也不外行，都来给我帮厨，黄秘书给他们分配了任务，洗菜的洗菜，刷碗的刷碗。小崔主任到村里买了几斤切面条，等我给大家做一顿陕西风味的臊子面。

茄丁、胡萝卜丁、黄瓜丁、土豆丁、木耳黄花、鸡蛋西红柿打卤，五颜六色，诱人食欲。

热气腾腾陕西风味的臊子面每人一大碗，有坐着的，有站着的，有的干脆就学起了陕西汉子蹲着吃了起来。刚才还嬉笑的人们立刻都停止了喧闹，大家个个低着头，贪婪地吃着香喷喷的捞面条。面条抽进嘴里发出的声音就像吹响了的口哨。这就是臊子面的典故?

这顿饭就像一场战斗，战场打扫得干干净净，可笑的是主人小崔光顾着发愣，等他缓过神来，卤和面已被请来的客人们全都报销了。

又有了话语，但变得斯文起来，那位女教授对小崔说："基地面积的扩大切记不搞行政干预，要通过市场去引导，通过农民种菜协会的民间组织去布置，通过市场建设和服务到位去稳定商家，通过股份合作去形成紧密的利益群体……"

该走了，大家纷纷掏钱抢着为这顿饭买单，小崔站在中间左推右挡："这叫什么事呀，你们专家教授为老百姓服务分文不取，我怎能留下这碗面条钱呢？再说了，这面条是俺梁书记做的，要交就交给他！"

大家忽地一下又把我围到了中间，我早已胸有成竹，用右手举过了头，做了一个龟的手势说："谁要再提钱，谁就是这个！"

霎时，小院里就爆发出了一阵爽朗的大笑。这笑声冲淡了世俗，冲淡了商品经济的铜臭，更冲去了工农双方内心深处长期积留下的阴影。

一顿普通的饭菜，连接了你、我、他。

1971年9月18日　晴

林彪投敌叛国摔死在蒙古国的温都尔汗，这消息让人震惊得无法相信。

红头文件不能置疑，要迅速传达到最基层的人民群众中去，让家喻户晓人人皆知，男女老少口诛笔伐。县委一点也不敢怠慢，派我率领了一个宣讲小分队来到了卧牛岭东坡的白家庄。

吉普车翻过卧牛岭，车外成片的橡子树被甩得无影无踪了。山梁下出现了山里难得一见的上千亩连片的庄稼地。碧绿的玉米在微风中轻轻摇曳，白家庄就坐落在这一片广袤的山野之中。

会场选定在村口一棵高大的老槐树下，一个用大青石凿刻的碾盘当作了讲台。槐树上吊着的那口古老的铁钟，铸造了白家庄沧桑的故事。村支书拉响古钟，低沉的声音撞击在卧牛岭高耸的山梁后，又被反弹回来，在山洼里产生巨大的回响。一袋烟的工夫，几百口人便黑压压地聚集在老槐树下。人们清一色的黑蓝服装，偶尔看到一两位年轻貌美没有出阁的姑娘，洗得发白的衣裤上没有补上补丁。

贫下中农们脸色严肃地听完了文件的传达后，鸦雀无声的会场突然像一锅滚烫的开水沸腾起来，呼喊声和叫骂声此起彼伏，批判会立刻就失去了控制。

村支书见状重新跳上碾盘。他向白家庄的社员们轻轻挥动了一下手臂。让我没有想到，刚才还像一匹脱了缰绳的野马，翻蹄抖掌，现在就像按下了电门，会场像一台机器立刻停止了转动，安静下来。激愤的情绪在男女老少的脸上消逝得无影无踪。

批判会开始，按惯例先从村支书、支部委员、民兵排长、妇女主任开始。他们久经沙场，经过“文化大革命”的锤炼，不用写稿，蹬在碾盘上也会滔滔不绝。一旦语言上卡了壳，他们都会灵机一动，带领贫下中农们高呼一阵子口号，然后，继续开始他们的声讨。

批判会进行到自由发言阶段，亢奋的场面清冷下来，会场又变得鸦雀无声。也许是到了饭时，人们饿得没有了气力，见好就收。

我示意村支书，这次批判大会到此为止。

忽然，一位七旬老汉矫健地跃上了石碾盘，银白的胡须，清瘦、单薄的身骨，还有那张皱纹密布的菜色脸庞，配上一身已分不清本色的补丁摞补丁的裤褂，地地道道的老贫农。老人咳嗽了一声，开始了他的声讨：

“林彪这个贼子，手捧红宝书，天天高呼毛主席万寿无疆。今天，不是俺事后诸葛亮，其实俺早就看出来了，相书上说过，林彪的长相是奸臣相，贼眉鼠眼，不是什么好东西，他太对不起毛主席了！毛主席天天管他吃烧饼夹大馃子，他还不知足，竟敢反对毛主席到国外另立山头啊……”

贫下中农们一阵阵的嘘嘘声，这么好的饭也没有拦住林彪的胆。

我的心一阵阵收缩，不仅仅是被这位老贫农朴实的语言打动，而是被老人家的追求定格在吃上一顿烧饼夹大馃子而感到凄惨。难道能吃上烧饼夹大馃子，就是白家庄农民的向往？

我忽然感觉到肩膀上有了一种负重感，一种对农民兄弟的歉意。

村支书的爱人在生产队给我们准备了午饭，鸡蛋西红柿打卤面，被我没有商量地拒绝了。到哪位老贫农家里吃派饭，不用准备，老人家吃什么我们就吃什么。一锅的玉米粥和金黄色的大贴饼子，其实我们很想吃那顿捞面，在县城里也是改善生活。那是为什么？是做做样子给社员们看？不是，我只是想把三个人每人的四毛钱和半斤粮票名正言顺地给这位做派饭的老贫农，一块二毛钱，足够他全家吃上几顿的烧饼夹大馃子了。

一个汗珠摔八瓣，头朝黄土背朝天。360 天拼命地在土地里刨食，究竟为了什么？就是那一顿烧饼夹大馃子？我的心被这次批判大会烧得火辣辣的……

1975 年 1 月 16 日　阴

闲饥难忍，北大荒漫长的冬夜煎熬着无所事事的知青们。

下午 4 点半钟，场部后身的平顶山就没了身影，漆黑笼罩着科洛河岸一排排的红砖房。直属队木工排的宿舍里，大通铺下面长长的火龙，发出焦人的热浪，烤得木板嘎嘎作响。

铺尾睡着一个“二劳改”子弟，外号“小山东”，没有文化，是来投奔他爸爸的。“小山东”的爸爸是一个刑满就业的留场人员，管教们把他这类的人员统称“二劳改”。“二劳改”鞠师傅是木工排的顶梁柱，我很尊敬他，也离不开他。虽然我是排长，但得听他的，技术上他是大拿。我曾问过他犯了什么法？判了几年刑？鞠师傅只是苦笑而没有回答。

一天，木工房里只剩下我和他的时候，鞠师傅告诉了我。

他的家在胶东半岛，本应是一个很富庶的地方。爷爷是当地有名的大地主。抗战时期因捐过枪给抗日游击队，曾被民主政府授予过“开明绅士”的称号。解放前夕，爷爷去世，父亲继承了祖业，日子过得很红火。解放了，土改工作队将他们全家赶出那套深宅大院。家产、土地和粮食都分了。父亲担不起祖业毁在他手上的罪名，一时想不开，半夜上吊自杀了。这可坏了，父亲成了破坏土改运动的典型，留给鞠家的唯一的财产，只剩下三间喂牲口的草屋。

北风呼啸，土坯的草房四边透风。一大家子人吃光了二亩薄地打下的毛粮，眼看着过不去这个年。鞠师傅铤而走险了，他知道自己老宅的后院里有个红薯窑，窑里面有开春用的种子——“红薯母子”。他想，这些原本就是他家的，拿一点回来充充饥，这不能算是偷吧？

鞠师傅路熟，背了半麻袋红薯，没承想被巡夜的民兵抓了个正着。问题比偷严重了，他成了反攻倒算的典型，被法院判了 12 年，来到了这北大荒。刑满后，他有技术，就留了下来。他再也不想回山东老家受苦受罪，农场吃白面还挣工资，这多好哇，虽然还叫俺们“二劳改”。这不，儿子“小山东”也来投奔。这叫因祸得福呀！

“小山东”在铺尾跳下来，神神秘秘地走到我的跟前：“排长，刚才俺那个二极管的电匣子里放个很悲的调子，说是意大利死了，肛门独奏屁大调。”“小山东”话音一落，通铺上的十来位知青突然像山洪暴发一样哄堂大笑起来。

上海知青小陶笑出了眼泪，他手里举着一台上海产的红灯牌收音机说：“这个小山东啊，你怎么把两个电台听到一块去了，什么意大利死了，意大利是一个国家。刚才报的是毛主席的老师，徐特立死了！另一个台播放的是钢琴演奏G大调！”

笑声再次响起，“小山东”被臊得面色通红，随即脸上又堆出了惊恐。

我知道这小子害怕了，怕有人抓他的小辫子，告他黑状。一旦领导发怒将他赶回山东老家去，那就麻烦了。“好了，好了，别怪小山东，他没有文化，听我给大家讲个笑话。”我把话题转移了过来。

你一个故事，我一个笑话，消磨着烦恼的时光，忍耐着早已消化光的晚餐带来的饥饿。忽然，电灯一闪，又到了停电的时间了，场部两台柴油发电机停止了转动，北大荒的夜才算是真正来临了，屋里屋外全都黑了，死一样寂静。

胃里空荡荡的，胃壁似乎都贴在了一起，我翻来覆去不能入睡。

我爬了起来，打开手电筒，拧去上面的玻璃罩，雪亮的灯柱变成了暗淡柔弱的黄色光亮。我从火龙上拿来大茶缸，将一缸温热的水全部灌进了胃里，想撑开粘连的胃壁，让它有点摩擦，以抵御那绞心的饥饿。谁知事与愿违，水在胃里左右摇晃，饥饿变得令人恐惧起来。

我想起了“小山东”的爸爸那半袋红薯。举一反三，直属队食堂晚餐剩下的那一大筐馒头……对，这充其量能算上个偷？但决不会存在政治问题，判不了刑。

我穿上了棉衣，铺边睡着的直属队汽车队的司机小杜也爬了起来。这小子骨瘦如柴，猴尖猴尖的，他知道我想干什么，他想加入。好哇，一来有个伴壮胆，二来这小杜是省委书记杜秘书的侄子。万一事情败露，有他垫底就万无一失。

“人为财死，鸟为食亡。”为了委屈的肚子，豁出去了！两条“贼影”溜出了宿舍，我领着小杜绕着食堂走了一圈之后，撬开了窗户。小杜身体瘦小便钻了进去，我在外边望风。不大一会，小杜便从窗户里跳了出来，漆黑中仍能看到他一脸的喜色，丰收了，军用书包里装满了二十几个馒头。

这是我有生以来第一次做“贼”，为了那不争气天天折磨我的胃，还有那一帮大通铺的哥们。反正做了，那就吃一顿像样的夜宵。

我和小杜顺着坡路来到河边的榨油房和奶牛舍。值夜班的都是“二劳改”，我第一次用排长的权力命令他们给我们装上了半块冻奶坨和一大缸子豆油。

知青们一个没睡，瞪着眼睛把我俩盼了回来。油炸馒头鲜牛奶，给个皇帝做都不换呀！

鼾声响了起来，从此，我也落下了个毛病，如果晚上不填饱肚子，就无法入睡，会一直坐到天亮的。

1993 年 9 月 16 日　晴

我和县委常委、办公室主任小吴坐着那辆省里拨的崭新的黑色奥迪轿车下乡去。小吴说书记的一身打扮和这车主人的身份不大相称。我没有觉得，也许是习惯了，整天穿着一双军用的黄胶鞋，光脚不穿袜子。这样，到了农家的田园地头干点活方便，和农民兄弟聊起天来随和，也没有了障碍。

下乡的目的地是离县城最远的一个小山村——椴木沟村。它离县城 120 公里。

快到中午，汽车开进了椴木沟村，孩子们立刻就把汽车围住了。一会儿，连老人们也都凑了过来，左右东西看个新鲜。司机前挡后推，生怕刮碰了这辆宝贝。村支书打开荒芜的大队部，让汽车停进了蒿草丛生的院落里，免去了司机的担忧。

村支书显得很激动。在他的记忆中，自打村里建起了支部，这还是第一位县委书记踏进椴木沟这穷山僻壤。

我拦住了支书。"不要汇报了，咱们边走边谈，就这么十几户人家，挨户走一走，看一看，老百姓都吃什么，穿什么，这就是最好的汇报。"

也许我从小到大就惦记着吃，养成了一种职业习惯，不论走到谁的家里，到了堂屋就想掀开主人的锅盖，想知道主人家平日里都吃什么饭，有没有肉吃，什么时候能吃上一顿。衣袋里的钱是否能够满足劳动者的个人或家庭最简单的需求，隔三岔五地吃上一顿他们想吃的食物。这是幸福标准的尺码，也是社会安定的基础，更是党和政府的责任。

村支书领我来到一家小院，残破的土坯院墙上，"狗尾巴"草骑满了墙头，几株野酸枣枝挺立在他们中间，是在挡君子？还是昭示家里有被贼惦记的值钱物件？

我推开虚掩的院门，走到了院子中央，一架葫芦长得十分茂盛。白色的葫芦花飘过来一丝淡淡的微香，让人心醉。"屋里有人吗？"我大声喊叫了一声。

"喊啥喊，早就看见你们进来了！"沙哑干燥的声音从身后飘来，我回头一看，一位身材矮小的老者，光光的头顶渗着汗珠，他手拎着柳条编织的土筐，里面装了几根翠绿的黄瓜，挂着水气的瓜头上，金黄色的小花开得正艳。瓜下面露出黑紫油光的茄子，滑润的茄皮上被镀上了一层白霜，鲜嫩得诱人。这些天然的蔬菜夺走了主人的地位，吸引了我的眼球，心里立刻产生了食欲……

“噢，二叔，过来，过来，今天是贵客登门呀，俺给您老介绍一下。”村支书一把抢过二叔手中的土筐，随手丢在了地上，然后拍打拍打二叔身上的泥土，把他拉到我的面前。

县委办公室主任小吴拦住了村支书，该由他来介绍我的职务。

“二叔，我也这样叫您吧，这位是咱们西山县委书记，第一把手啊，梁良书记，是特意来看您老人家的呀！”

“什么？县委书记，哎呀！这是怎么说的，书记好哇，书记好哇，书记什么好吃的都能吃着呀。”二叔刚才满不在乎的脸上一下子堆满了惊恐，语无伦次，张嘴道出了这么一句让我无法接受的话来。我的头嗡地一阵作响，脸上发烧，心速加快，像被人揭了伤疤一样，羞愧得无地自容。

“咳！你这个老头怎么这么不知趣呀！什么叫书记能吃好的！”吴主任变了声色。

“怎么和老人家说话呢！你不要乱讲。”我狠狠地训斥了小吴，平静了心态，然后拉着惊慌失措的二叔坐在了葫芦架下。

“二叔，没错，我叫梁良，是咱们西山县的县委书记，您老让我有点不理解了，为什么书记什么好吃的都能吃着？您看，这土筐里的鲜嫩蔬菜我就没有这个口头福了。”

“梁书记，俺老眼昏花的，不会说个话，大人别记小人过，这好吃的当然要先给书记了，进贡嘛，俺村支书知道。”二叔看了一眼村支书涨红的脸。

“好！二叔，就算书记能吃上好吃的，那么什么又叫好吃的呢？”

“猪肉炖粉条！”二叔眼都没眨一下，斩钉截铁地说。我看到他青筋暴露的脖筋猛然抽动了一下。

我站起身来，大步走进了堂屋，揭开了锅盖……村支书追了进来，他告诉我全村 80% 的农户，一年也就吃上一两次猪肉，这要比以前强多了。

我想起了我的小时候，想起了想吃一顿红烧猪肉的煎熬。

“小吴，这是一百元钱，可以买上半爿猪肉，你和司机立刻到镇里去，抓紧时间，中午我要请二叔及村里的乡亲们吃一顿红烧猪肉炖粉条！”

就在二叔的院子里支起了两口大铁锅，全村老少爷们，姑娘媳妇开了荤，解了馋。作为报答，我拿走了二叔那筐鲜嫩的蔬菜，各取所需。

也许我太幼稚了，政治上还不够老到，被人告了我的黑状，上级领导批评了我，说什么有损社会主义制度的形象，什么哗众取宠，树立个人形象，什么花钱买口碑，沽名钓誉，当什么救世主，说不完的罪名。

吴主任说我是花钱买罪受。我只有一种感受，那就是当村民们满嘴油星、满脸春光挺着肚皮离开二叔小院的时候，我的心里一下子就满足了，平衡了。为人民服务的目的一下子明确了，书记是要为老百姓吃好吃的而工作，真理也在我心里得到了又一次验证，贫穷不是社会主义。

1973 年 11 月 19 日　阴

大兴安岭脊背上有着无数条血脉般的沙石公路，条条都连接着兵团、农场和嫩江县城之间的经济往来，它们被誉为北大荒的生命线。公路中间村屯、场队最近的距离也有上百公里之遥。汽车连的司机们天天都往返这条生命线，不论是气温零下的寒冬，还是蚊虫叮咬的酷夏。

农场的领导们爱惜“人才”，把我从直属队木工排调到了汽车连，不是因为我能写会画，而是我篮球打得出色，各场团和地方县市政府都想调我为他们出力。场部的领导决定把我放在全场最好的一所单位，一个出车吃饭不花钱的单位，稳住了那颗不安分的心。我很高兴，从此再也不会发生到食堂偷馒头的事件了。

深秋，霜冻将兴安岭成片的柞树、桦树的叶子抽打成五色斑斓，忽地一片金黄，忽地一片火红。

连长大刘把我这位刚刚考上驾驶证的新司机叫到了连部，递给我一把全连谁都不愿意开的那台汽车的钥匙。这是一台罗马尼亚产的五吨卡车，名叫布切奇，车型漂亮，设施高档，要比国产解放牌汽车强了许多。可是大家都说它好看不好使，也可能不适于中国的路面条件，小毛病不断，大毛病一出汽车就得趴窝，没有零配件。司机整日里穿不上一件干净的衣服，谁开上这台布切奇，谁就会增加一个“油耗子”的外号，我与他们不同，饥不择食，有了一台属于自己单独驾驶的汽车，哪怕是台牛车。

我把这台宝贝汽车从里到外进行了保养、检修，并请教曾开过这台“老爷车”的老师傅“冯迷糊”，以便掌握它的脾气。找大库的管理员走后门，准备了足够的配件，只等待入冬，迎接往嫩江县城运送公粮的战役。

大雪将三江平原染成了白色，气温突然下降到零下二十七八度。我和战友们投入到冬季运送公粮的战斗中去。

功夫不负有心人，这台布切奇还真通人情，我对它好，它也一直挺温顺，没有发过脾气，顺顺当当完成了第一期任务。第二期轮到我是夜半送粮，一望无垠的黑土地穿上银甲，与天际连成一体，分不清天空与土地。夜空中没有星星，一牙残月也没有，两盏汽车灯打出的光柱，随着蜿蜒的公路，在雪原中晃动着，偶尔一只狍子从车前闪过。我孤独一人伴着汽车引擎的轰鸣声，在漆黑的旷野中撞来撞去，心里还真有点胆怯。

突然，公路被几十米长的雪阻隔断，形成了一米多高的雪墙。我跳下汽车观看地形，没有办法，凭借我一个人的力量，就是用铁锹铲到天亮也无济于事。退回农场，要求派推土机清障？送粮任务就完不成，怎么办？我感觉到奇怪，别的夜班司机的卡车是怎样通过的呢？

我围着汽车左右前后探寻了一番，终于发现，雪墙的下面有一条往北去的便道，还有汽车轮子的胎迹，原来他们都是绕行。我听说过，有这么一条路，多走出几十公里，那边有一个叫四十里河林场的地方，同样能到达嫩江县粮库。

我没有犹豫，跳上汽车一把方向打过来往北开去。开着开着突然发现没有了道路，白皑皑一片。一会左边冒出一片低矮的柞树丛，一会又在右边钻出一片黑压压高耸入云的落叶松林，汽车就像没头的苍蝇东扎一下，西扎一下。

迷失了方向，我想退回去重新寻找车辙，可这祸不单行，由于紧张和害怕，掉头时后轮滑进了坑里，轮胎被卡住了，我前后加大油门，前进后退就是上不来。越是着急越是出事，再加上没有经验，油门用力过猛，车后轮的半轴被扭断了，这回汽车彻底失去了动力，我只有将发动机的水放掉，不然会冻裂机体的。

孤立无援，一身的汗水冷却之后，衣服就被冻成了硬壳。一夜一天过去了，我守着这一车的小麦连冻带饿地绝望了。

夜幕又一次降临，我感觉到这样被动地等待农场的救援是不行的，要主动地出击，凭借体内残存的那一点热能。我爬上卡车的小麦垛上，在漆黑中向四处瞭望……

终于发现了车的北方有几盏光亮，遥远中眨着眼睛。我将汽车锁好，把裤带系紧，捧着积雪猛吃了几口，填饱肚子，向着光亮处行进了。

跌跌撞撞不知走了多长时间，饥饿撞击着接近空白的灵魂，在我几乎再也迈不动双脚的时候，一排排房子中闪烁着的光亮终于出现了。四十里河林场！兴奋中我敲响了第一家的房门……

两位素不相识慈祥的林业工人接待了我——是一对上了年纪的老夫妻。大娘捅开炉眼烧水做饭，大爷披上皮袄到场部用手摇电话要通了嫩江县，然后再转到我的农场。

我躺在人家的热炕上睡了过去。睁开眼睛的时候，炕桌上已摆满了菜：鸡蛋炒木耳、酸菜白肉血肠、炸花生米、白菜蘑菇肉片……

大娘像对待的儿子一样，递过来一条热气腾腾的毛巾，大爷将烫热的白酒给我斟上。“孩子，不要外道，这跟你家一样，先吃菜后喝酒。”大娘说。

大爷给我的碗里夹菜：“你们这些知青，还都是孩子，舍家丢业地到俺这北大荒来，真不易呀，你就放心地吃吧！电话也要通了，你们农场明早天一亮就来车接你。”

菜在我嘴里打转转，一股热浪顶在喉咙口，眼泪扑哒扑哒地落在了香喷喷的菜碟里……

无亲无故，朴实无华，多好的人民呀！那滚烫的没有弯弯绕的心肠，烧得我知道了爱，烧得漫天的大雪融化。

2000 年 2 月 5 日

“苦不堪言”的春节终于过去了，应酬的厌倦，身心的劳累，躲债般地逃避那些送礼的下级，苦呀！可他们也苦啊，他们怕流传在社会中的那句话应验，“现在的领导当官的，不记那些送礼的，只记那些不送礼的。”又有谁愿意当那几个被领导记住的人呢？除非他不再想“进步”了。咳！这个信息的社会，怎么上下信息的传递就不对称呢？出现了真空。

七天的长假还是过去了，没有了孩提时的回味。

县委大院洁白的积雪被懒懒洋洋上班的人群踩踏得污黑。不出正月这节不算过完。送礼也不晚，请客吃饭也不晚。一切还在大大方方地进行着。

我这个当班长的是众矢之的。在省城“清闲”了，回到西山县有多少人都想补上，可被秘书小黄挡了驾，还包括土生土长的县长的热情。

我让黄秘书通知县委小食堂，所有的师傅和服务员下班都不要走，县委书记梁良今晚请客，他要亲自下厨炒菜，招待服侍了他一年的师傅们。

师傅们受宠若惊，白色工作服依然穿在身上，不知所措地等待着这顿莫名其妙的晚餐。平日里最爱打的百分扑克收了起来，没有了锅碗瓢勺的交响乐，小食堂变得寂静空荡。

我提前下了班，用不着和谁请假，手里拎着瓶茅台酒，哼着小调，踏着积雪推开了后院食堂的房门。

黄秘书充当了我的帮手，洗菜切肉。我天生就愿意做饭，觉得这和安排一个县的工作一样有意思，都先要有构思，然后要预备材料，营养搭配，色泽调配，一桌饭菜的总体布局设计合理，每一道程序都不能偷工减料。领导科学了，便被罩上领导艺术的桂冠；这做饭做好了，也成了艺术，也成了文化，重要的是看给什么人吃，目的为何，达到的情谊就各色各样了。

我从小就羡慕食堂做饭的大师傅，还有饭店小馆子里的掌勺的。他们在我心中都是领导，掌管着每个吃饭人的命运。窗口排队买饭的人群，都会笑脸相迎地望着窗口内那张没有表情的肉脸，油腻腻、胖乎乎。然后，盯住他手中的菜勺，那一勺下去是多是少。而厨师们感情淡漠，无动于衷，有时也会有一两次冲动，不知看了谁顺眼，那勺里就比别人多了几块肥肉片，让得了便宜的人感动。

记得在农场下乡的一次劳模聚餐时，10 个人一桌，风卷残云后，盼着最后的一盆汤。汤上来了，几根鲜嫩的绿菜叶子漂在没有油花的水面上，一片红白相间的肉片，像一只小船，在汤中漂荡。临近的女知青主动拿起了汤勺，当了一次领导。几双眼睛全都盯住她的小手，企盼着那只小船会被她盛进自己的碗中。

轮到我了，第 9 碗，心里没有了希望，肯定会留到她自己的碗中。我抬起了头，不愿意再看下去，“接着，大个子，想什么呢？”女知青说道。我连忙低头接过那碗清汤，没想到她居然将那只小船放到了我的汤碗中，让我着实激动。至今，我都记着她那张可爱的笑脸。

班门弄斧了，我使出全身的解数，拿出看家的几道东北菜，让这些厨师们尝一尝梁良的手艺，实现一次我小时候想当“领导”的奢望。

我是快手，顷刻间，那张铺着洁白桌布的大饭桌子上就布满了各色的菜肴。

黑龙江的红烧鱼、北大荒的焦熘肉段、嫩江县的酥白肉，更少不了四十里河林场那对老夫妻的几道东北家常菜。心里总觉得是在给这两位老人做的这顿饭菜，这种感觉很难说清楚，反正是一种报答、感恩。当然，包括站在我面前这些师傅们，还有数不清的那些帮助过我的人们。

“不出正月还算是过年，俺梁良和大家都是一样的普通人，我给大家拜个晚年，在这里感谢你们一年对我的关照！”

茅台的酒香和我的真诚加速了气氛的迅速融合，也许是这些大师傅们吃腻了自己那套饭菜的滋味，或者是捧一捧县委书记的脸面，风卷残云了，干干净净酒菜全无。

我突然觉得自己像香河县的那位大姐，笑眯眯地看着他们吃完了那只芦花鸡。

镇长九斤

镇长王九斤擅长喝酒。就因为能喝酒，他为镇里办了很多大事，这是他的一大法宝；也因酒，他失去了做男人的权利；还是因为酒，他自杀身亡。小说中的是是非非，是真实更是传奇，人生百味尽在其中，王九斤到底是个什么样的人呢？

一

卧牛河镇远近闻名。

因为它有一个方圆十几平方公里的大水库，繁茂的黄花松，一圈套一圈地把她围成了铜墙铁壁。松林下坚硬的山峦，沿着水库的沙石小路，横切出一层又一层均匀裸露的石面，挡住了东西南北风。水面静得没有一丝波纹，就像一面古老的铜镜，镶嵌在这翠绿的群山峻岭当中，它将世界万物照得一清二楚。当然，也照得出人来，更能照得出神。

卧牛河镇远近闻名。

因为几十米深的水库里野生鱼类丰富，有几十种之多。它们靠吃浮游生物长大，天然绿色没有污染。几十家饭店、鱼馆依山傍水，迎风飘舞的“鲜鱼”招幡，将信息传递出老远老远。招惹得馋嘴的食客们从县里、市里、省里长途驱车而来。一吃、二看、三游。各种会议、论坛、工作组、现场会也就应运而生了。

卧牛河镇远近闻名。

因为她有一个威名远扬的镇长王九斤。还有和王九斤齐名的土烧锅苞米酒——金酒王。

王九斤镇长的名声在卧牛河如雷贯耳，粗黑高大的身体壮得像一尊行走的铁塔，人到声到，落地有痕。他的性格和他的外表一样，无须打磨，就像山东人吃的大葱，真挺挺、火辣辣，青是青，白是白。无论是谁，第一次和他见面，就能从前心看到他的后背。镇长王九斤酒后编了几句酒诗，不知是赞美自己还是自嘲：

王九斤坦荡荡，
心里有啥脸上瞧。
王九斤明晃晃，
肚里的肠子挂在腰。
说话不拐弯，办事不拐角，
没有秘密，肝胆相照。

这套顺口溜被镇子里的孩子们当作了童谣来背诵，时间一长，居然成了镇里招商引资的招牌。客商们信得过王九斤，镇长成了卧牛河镇天字第一号的硬件。

卧牛河镇几年都没有镇党委书记了，谁也不愿意在九斤的名下煽趣。虽然你是堂堂正正的一把手，可就是折腾不出名分来，没有人愿意当这样一个只露屁股不露脸的官。超不过一个月，书记保准就给县委打报告申请调离。县委没有办法，只好把卧牛河镇的党政工作两副担子全部放在了王九斤一个人的肩上。九斤一点也觉不出沉。他不在意，至今县上不给他一个说法，还是镇党委副书记兼镇长。

镇长说，他是个苦命的孩子，当从娘肚子里爬出来的时候，正好九斤重。娘就拂他而去，姨父收留了他，取个名字叫九斤。让他记住那一段没有记忆的记忆。不知为什么，从打记事起，九斤在姨父的肩下长了本事，饭可以不吃，酒却不能不喝，亏得姨父祖辈传下来一个烧锅，支撑了爷儿俩立地为人的根基。

王九斤就在这样一个环境中长大成人，连他自己都不知道，他凭的是什么，在三万人的小镇子里居然当上了这一镇之长。可姨父却在他金榜题名时也抛他而去。乡亲们说，九斤的命硬，妨老人。九斤心里也难受，一心想报答姨父的养育之恩，可方式又让乡亲们接受不了。说九斤是个败家子。他把姨父祖传的土烧锅捐给了镇上，给土烧酒取了个洋名字，叫什么“金酒王”。九斤不管乡亲们的议论，内心很是得意，只要能将烧锅发扬光大，就是最好的报答，无论这酒厂的产权归谁。另外，他无意之中把王九斤这三个字倒过来念了。金酒王不也是一种纪念吗！

金酒王原粮原酿，用卧牛河的水做酒基，加上沿河流域的红高粱和黄苞米。酿造出味纯、香正、性烈、度高的老白干。王九斤喝金酒王，自吹自擂，加之看热闹的人们捧场，号称九斤不醉，这九斤和金酒高手相配，互助虎威。老百姓有诗赞曰：卧牛河上有三宝，铜镜高悬照神娇，金酒醉倒南北客，镇长九斤逞英豪。

二

镇长九斤被杀了！消息不胫而走。县委大院里一片嘈杂。县委书记白玉明接到卧牛河镇党委打来的电话，他根本就不相信！昨天晚上他们还在卧牛河水库边上耍戏。王九斤陪着省发改委的领导吃着鳜嘴鲢鱼，喝着金酒王，兴高采烈地表演着……不会的，绝对不会的！

话是这么说，白玉明还是觉得这消息虽说来得突然，却又有那么一点预感，似乎和自己有着某种让他揪心的、撕扯不断的联系，他顿时感到两眼直冒金星、双耳鸣叫。他连忙用双手拎起自己的两个耳朵使劲地往上揪了揪，耳膜呼地鼓了起来，耳朵里的轰鸣也就安静下来了。白玉明静了静神，极力控制着复杂的情感，再次拨通了县人民医院的电话。院长准确无误证实了消息的确切——王九斤生命垂危，奄奄一息。

白玉明沉重的心一下子提拉到了嗓子眼，堵得上不来气。他忘记了平日里的仪表和威严，脑海里一片空白，留下的只是惊涛骇浪，他现在只想见到风雨飘摇中那条快要沉没的小船。

"秘书备车。"他大喊着便冲出了办公室。他没有坐电梯，一溜小跑地从六楼冲到了一楼雨搭下面，那辆崭新的奥迪轿车已待命出发。他拉开后门，钻进车里，汽车一个急起步，后轮蹭着水泥地发出嚓嚓的摩擦声，随着一股焦臭的蓝烟，黑色奥迪不见了踪影。

县人民医院急救室，王九斤躺在窄小的移动式病床上，两只脏兮兮的赤脚伸出了床外。脚掌、脚面、脚趾头上的污血已经凝固起了层，发出一阵阵腥臭。肚子上裹着一层又一层厚厚的白纱布，纱布被紫黑的血浸透了。王九斤的脸色惨白，没有了血色，像一张被撕扯破的窗户纸，被风一吹，呼哒呼哒地喘着粗气。干裂的嘴唇皱皱巴巴，不时轻微地抖动几下。圆圆的豹眼再也无力张开，只留下细细的一条缝隙。缝隙里闪出一丝微弱的光亮。

"闪开、闪开，县委书记来了。"不知是谁喊了一句，走廊里黑压压的人群迅速地让开了一条小道，白玉明挤进了抢救室。当他看到平日里健壮如牛，光彩照人的九斤，一夜之间竟变成了这个样子，眼泪便夺眶而出。医院院长紧跟在书记身旁，他见书记悲痛的样子连忙递过一张消毒纸巾，讨好地说："人没有希望了，只有这一口气在维持着，他好像是在专门等着你的到来。书记你真够意思，一个小破镇长，还劳您的大驾，节哀呀！别伤了您的尊体。"

白玉明讨厌地回头看了一眼到现在还溜须拍马的院长。他没有心情训斥这位有眼无珠的院长，急忙走到九斤的跟前轻轻地呼唤着："九斤，九斤，你醒一醒，我是白玉明呀！"

九斤被这熟悉的声音唤醒，他的眼皮往上抬了一下，嘴唇也微微张开，他好像是在答应，还是在想说什么？噢，是想喝水，白玉明连忙吩咐院长拿瓶矿泉水来。县委书记把卧牛河镇生产的矿泉水倒在瓷勺里，弯下腰轻轻地将瓷勺贴着九斤的嘴唇慢慢地喂了下去。纯净的水润湿了裂缝干巴的嘴唇流入口中。突然，九斤的嘴唇一鼓，"噗"的一声，他将刚刚入口的矿泉水全都喷了出来。紧接着喉咙管里发出微弱的声音让屋子里所有的人们都感到惊愕："酒，酒……"

白玉明擦了一把脸上被九斤喷出的水渍说："人都到这个时候，什么要求我都要答应！"白玉明赶忙让秘书到车里取来一瓶精装的金酒王。书记用力拧开铝制的瓶盖，立刻，小小的急救室里便酒香扑鼻。他将泛着青色的琼液倒进瓷勺里，九斤两个黑洞洞粗大的鼻孔抽动了一下，眼睛也明亮起来，嘴唇似乎有了一些张力。书记连忙把小勺又一次轻轻贴到九斤的唇边，酒立刻被九斤吸进了嘴里，舌头居然还伸了出来，舔了舔嘴唇边沾留上的酒迹。

王九斤的脸上瞬间闪过一片微红。抢救室里所有的人都惊呆了。九斤微红的脸只是昙花一现，随即又是苍白的一片。黯淡无色的眸子艰难地向白玉明的方向机械地移动了一下，嘴角稍稍往上一翘，一丝满足的笑意露出，然后便慢慢地闭上了眼睛，伴着浓浓的酒气，安详地停止了呼吸。

三

白玉明陷入了深深的回忆之中。

大雪封山，日产丰田吉普车翻越过三二道梁，很快就驶上了头道梁顶，卧牛河镇立刻就映入了眼帘。汽车开始往山下盘旋，车屁股在光亮的雪地上不时地左右摇摆掉腚。白玉明紧张地握住副驾座位玻璃窗上面的拉手，双脚蹬住脚下的地板，嘴里不停地对司机叨唠着:“慢点，慢点。”

白雪皑皑，只有两道碾压出的黑油油的车辙，曲曲弯弯地延伸到水库的大坝上。大坝的尽头，一栋栋低矮的红砖房在雪原中顽强地挺着腰，房上的烟囱撑破房顶尺厚的雪壳，冒出一缕缕青白色的炊烟。它们像一根根圆圆的冰柱慢慢地向天空伸展，忽地又融进铅灰色的天际中没有了踪影。

汽车驶上了大坝，白玉明终于出了一口长气，双手已被汗水浸透，湿淋淋的。这位从省城派来的县委书记上任第三天，第一次尝到了冬天进山的滋味，惊险刺激，加上那股新上任时的官气，对属于他的这片山林里的一切都感觉出新鲜和好奇。

几位穿军棉大衣的镇干部在大坝的尾部拦住了汽车。为首的是那位在省城就听说过的镇长王九斤。他高人一头，零下二十几度的天气居然头上没有戴帽子，猪鬃刷子般的头发上面还冒着热气。一件没有亮光的皮夹克敞胸露怀，和那几个戴着狗皮帽子，裹紧大衣不停跺脚的汉子成了鲜明的对比。白玉明心里一喜，好一个九斤镇长，名不虚传。

车门被一个骨瘦如柴的镇党委分管党群的副书记拉开了。一股寒气刀割一般冲了进来。白玉明连忙将军大衣的扣子系上，然后下了汽车。他不经意地和来人一一握手，唯有那个镇长王九斤木桩子一样躲在人群后面，黑红的脸膛油兮兮地堆着笑，样子有点憨，还有点傻。

白玉明有点不高兴了，但他还是走上前去，主动伸出右手，以表示他这位新书记的亲民形象。他没想到，镇长九斤却把双手背到了身后，脸上的笑容仍旧像花一样的灿烂。他咧着大嘴露出了黄黄的牙板，嘿嘿地笑着说："书记，对不住了，俺手脏。"

白玉明的手在严寒中冻僵了似的缩不回来。这让他有些尴尬。人称"瘦猴"的那位书记见状连忙打了个圆场："白书记请你别介意，俺镇长等你的时候，憋不住了，刚在这雪地里拉了泡屎，没有来得及洗手，怕脏了你……你别跟他一般见识呀！""瘦猴"阴阳怪气地说道。

白玉明心里更不高兴了，这帮人好像成心出自己的洋相，他狠狠瞪了眼前这个说风凉话的"瘦猴"，心里骂道：看我今后怎么收拾你。他和九斤较起了劲。自己插队那会儿俏皮话不比贫下中农说得差。白玉明收回了笑容，板起了面孔，手仍旧挺立在半空中。他严厉地冲着镇长王九斤吼了起来："伸出手来！我这个县委书记就愿意握一握你九斤镇长的臭手！"

"瘦猴"差点笑出了声，心里说，这回你王九斤撞到枪口上了吧！你以为你是谁呀，在新县委书记面前冒傻气，找死呢。"瘦猴"心里一阵得意。

王九斤听见书记的怒吼声却没有一点恐慌，仍是笑容满面，他从容地把背后的双手拿了出来，然后放在皮夹克里面的粗线毛衣上擦了擦，说了一句："只要书记不嫌弃，那行。"这才恭恭敬敬地用双手握住了白玉明的右手。白玉明立刻觉得自己细嫩的右手有一丝疼痛，随即便转为了温暖。

四

一个下午的参观汇报，卧牛河镇的经济工作让白玉明十分满意。镇长九斤很少言语，几组政治、文化，尤其是计划生育指标的数字虽然背得磕磕巴巴，可是全镇的经济工作却是一清二楚，每到一处镇办企业，他对不同行业的生产流程、经营管理、成本核算和营销策略却讲得头头是道，不拖泥带水。一个偏远的山区乡镇，交通又不方便，镇级工业产值和销售收入居然在全县 18 个乡镇中名列第二，仅次于城关镇。这让白玉明一时闹不清楚，这经济增长的根本原因是什么？他学的就是经济管理，按经济地理学中的绝对位置和相对位置理论分析，卧牛河镇在 18 个乡镇中都不占优势。从资源分布上讲，除了这大水库的水资源得天独厚之外，没有什么可开采的矿产。也许正是这一点，朝阳产业旅游业的兴起，肯定会拉动镇级经济，甚至成为牵动全县经济发展的龙头，大的支柱产业之一。

想到这里白玉明心里一阵激动，初次见面的那点不愉快，早已飞到九霄云外了。他看了看镇长九斤，这个外粗里秀的菠萝脑袋，很有可能成为自己今后政绩积累的突破点，是一棵好苗子。

工作检查完了，天早就黑了下来，凄冷的空气融在月光的闪烁中，托着满山的白雪和水库黑绿色的冰面，到处都是透明的清亮。

晚饭在水库边上的一栋挑着“卧牛鲜鱼”幌子的落叶松打造的木刻楞房子中进行，这是检查镇长九斤工作的最后一道程序了。白玉明走进那间卧牛厅便愣住了，他望着眼前这桌堆得满满的全鱼宴，连放酒杯的地方都没有了，怎么说也有十几道菜。直径一尺大的汤盆里勉强放下一个长鲢鱼头。那硕大的鱼头张着大嘴，嘴里还叼着一棵白嫩肥胖的山参。剩下是数不清楚的什么红烧鱼、干炸鱼、生拌鱼片、熘炒鱼丝、清炖鱼子……白玉明看花了眼。

镇长九斤没说一句客套话，一屁股就坐在了主位上，“瘦猴”书记连忙将白玉明让到了九斤的上首说：“俺镇长外粗里不粗，凡是到卧牛河镇上来的任何宾客或各级领导，谁也抢不去他的位置。”瘦书记看了镇长九斤一眼，放低了声音，那张八哥似的巧嘴几乎贴在了白玉明书记的耳朵上：“上次连省委书记来，他都没让一下，也不怕那张椅子扎了他的屁股。”

白玉明刚才真有一丝不悦，心说这个九斤怎么不懂规矩，一身的霸道连句客气话也不会说。听瘦书记这么一讲，自己再一想，也是，按国家礼宾司的规定，九斤没有坐错他的位置，只是他那形态让别人不舒服。算了，不要和他计较，俗话说强龙不压地头蛇，在他的一亩三分地上，我倒要看看这个王九斤到底能掀起多大的浪。

“把精装金酒王拿上来！”镇长九斤发话了。一个下午的陪衬角色发生了变化，现在他成了这个酒宴上真正的主人，吐口吐沫就是钉。

白色的绣着荷花的半截门帘掀开了，一个半老徐娘的胖大嫂红光满面地走了进来，她怀里抱着 8 瓶打开盖的金酒王，每个瓶嘴里插着一根竹筷子，筷子头上还冒着凉气。白玉明好奇地望着放在自己眼前的这瓶酒，看了又看，不知道搞的又是什么名堂。

“白书记，看来你还真是很少到俺们山区来，山里人要喝温酒，镇长说喝凉酒、睡凉炕、花脏钱早晚是病。你看，这大冷天怎么烫酒呀！往这瓶嘴里插上根筷子，把酒放到热水锅里加热，瓶里的凉气顺着筷子就疏导出去了……”

白玉明一个劲地摇头，热水凉瓶子，凉热对接，这瓶居然不炸，邪了。瘦书记见这位省城里来的白面书生，自己的顶头上司还是不信，便来了情绪：“书记，你要是不信，那咱就试试。不插筷子的酒瓶经热锅里一放就炸了。”“瘦猴”总是找机会在新书记面前显示自己。

白玉明的位置颠倒过来，一县之长变成了客人，他一言不发，不动声色，任凭这场快要谢幕的压轴大戏演下去。

胖大嫂不偏不向，每人眼前上了一瓶金酒王后，她用那双双眼皮大眼充满诱惑地瞄了一眼新来的县委书记，然后摇着丰满肥胖的屁股，扭转身走了出去。随即，外屋传来一阵咯咯的笑声。

镇长九斤扭过头来冲着县委书记白玉明也是嘿嘿一笑，这一笑却没有刚见面时的憨厚，让人觉察出了诡诈。他说出了进屋以来的第二句话：“白书记，工作检查完了，不知是否满意？但是到哪儿都得吃饭，入乡随俗，我按俺卧牛河镇上的规矩办事，不分年龄大小，不分级别高低，每人一瓶，落实责任制。书记，喝酒吧！”九斤摆出了一副挑战的姿态。

白玉明心里咯噔一下，这个镇长九斤怎么一下子变得伶牙俐齿了？那位风骚的女老板和他是什么关系？白书记心里突然改变了主意，既然今后要利用这位镇长九斤，那我要好好地考验考验他，是否对我白玉明忠诚，想到这里他将那瓶金酒王放到了九斤的眼前说：“对不起了诸位，本书记不喝酒！”

一句说出，小屋立刻变得鸦雀无声。

五

“嘿！不喝酒不成！别怪俺没大没小。”瘦书记冒出了匪气，他好像变成了小屋的主人。他边说边站了起来。他就站在白玉明的身边。伸手就去拿已放在九斤镇长眼前的那瓶金酒王。

“坐下！这里没有你说话的份儿！”镇长九斤不软不硬的一句话，便让瘦书记立刻哑了音，没了脾气悄悄地坐了下来。九斤抄起了白书记的那瓶金酒王，抽出那根筷子，然后站起身来说：“白书记，刚才俺那句话算是白说，这瓶酒算是俺九斤给书记赔个不是，罚俺的。另外，也算俺买上一个话语权吧。”这语气，比刚才软了许多。说完，九斤仰起了脖子，张开了大嘴，就像桌子上那个大鱼头，酒瓶变成了那棵鲜嫩的山参，叼在了嘴上。白玉明盯住九斤一眼不眨，只见九斤的喉结上下跳动起来，咕咚咕咚的声响伴着全屋人的目光，一口气将一瓶金酒王喝了个瓶底朝天，一滴未剩。

“拿酒来！”九斤抹了一下嘴说，胖大嫂没等镇长的声音落地，人就飘进了屋，一瓶打开盖插着筷子的金酒王又一次到了白玉明的眼前。白玉明的嘴角微微动了动，仍然没有吭声。他的那双大眼睛盯住了女老板的那双大眼，四目相持。胖大嫂被县委书记锋利的眼光逼了回去。

镇长九斤变得一脸的严肃，头差点就碰到了低矮的房顶，宽大的身子像个影壁遮黑了半个屋子。他轻轻咳了一下说：“尊敬的县委白书记，首先让我代表卧牛河镇的父老乡亲，感谢书记对俺们镇的关怀和偏爱。新官上任才三天，就来到俺们卧牛河来看了俺们。这是第一层意思吧。第二层意思是，卧牛河的镇域经济不知白书记是否满意？能否给全县的大盘子添点秤。卧牛河镇愿在你白书记的领导下继续当个排头兵。说一不二！这第三层意思嘛，白书记是全县的父母官，俺是卧牛河一方三万人民的儿子，和白书记相识高兴，论私人情感是兄弟加朋友，论领导关系咱们是上下级，从这两个方面敬白书记一杯酒，不为过吧？你不能拒绝吧？说大点，这是俺山里三万人民的心愿。书记请吧！”这回的语气软中带硬。

咳！好厉害的祝酒词呀，用老百姓来压我了，可白玉明心里却是热乎乎的。这小子还真不服软，有一股子倔劲。不行，还得再装一会儿蒜，把屋子里的气氛压缩到更有张力。

白玉明也站了起来说："卧牛河镇的几位领导，你们正像九斤镇长说的那样，是这三万人民的代表，我代表的是县委及全县人民感激你们出色的工作，镇里的经济工作干得相当的出色，我想这政治工作也一定会更好，这也是我的第一层意思吧。按九斤的话说，我的第二层意思呢，非常高兴认识你们这些直来直去、不藏着掖着的山里汉子！我们的社会，就缺少像你们这样的说真话、办实事的人。记得有位中央领导说过，上下级是什么关系？是同志加朋友的关系！今后咱们就是兄弟！这第三层意思嘛，喝一杯认识酒，这要求不过分，合情合理，让我不能推辞。这一要求是镇长九斤用一瓶金酒王买来的，所以，我真有点对不住他了，因为我不会喝酒，这就是第三层意思，请他原谅。"

白玉明说完坐了下来，轻轻地咳嗽了一声，用蔑视的眼光瞄着王九斤。他到底要看一看这个九斤镇长还有什么让他无法推脱的辞令。

九斤笑了，这次笑得很勉强。他心里十分清楚，这县委书记不端卧牛镇的酒杯，这桌饭就吃散了，俺镇上的工作干得再好，也砸了锅。不行，酒后吐真言，九斤全凭这点烧酒洗去挂在脸上的那伪装的正经、呆板和虚荣。这酒必须要喝下去，否则，俺九斤和这白书记之间的沟坎就永远过不去。九斤想到这里"刷"地又站了起来，卷起了毛衣袖子，这气可鼓不可泄。他改变了策略，冲着他的部下们，这些被白书记的三层意思击落得低头丧气的镇哥们儿提高了嗓门。

"你们这是咋的了？白书记是在考验咱们呢！"

“瘦猴”低头小声说了一句话：“也是检验。”

“对！也是在检验咱们全方位的工作应变能力、公关能力、斗志和勇气。来，大家把眼前的啤酒杯都倒满白酒，集体敬白书记。”九斤一挥手，将眼前的啤酒杯倒满。紧跟着，瘦猴书记、副镇长、武装部长等全都倒满了这四两的大杯。大家齐刷刷地站了起来，好像事先进行了彩排，齐声说道：“请白书记赏个脸吧。”

瘦书记扫了镇长九斤一眼，看见九斤的眼神一闪之后，他又把话接了过来：“俺们大伙敬白书记的这杯酒，是符合书记提出的同志加朋友的关系的，这是兄弟之间的酒，白书记不能不喝吧？你怎么也应该先端起来碰一下，你真的不会喝，俺瘦猴替书记干了！”

话说到这里，白玉明不能再装下去了，空气的浓度已经到了一点就燃的时候，过了劲就真伤了同志们的感情。虽然这些下级们不敢奈何这全县的第一把手，可是，今后他们就会敬而远之了，躲着你、防着你、应付你，假话、套话就会应运而来，甚至挖个坑诱你往里跳……到火候了，见好就收！

县委书记白玉明红光满面，从容地将自己眼前的啤酒杯也倒满了。他扫视一圈，示意大家都坐下。然后端起了这四两的大玻璃杯，书记笑了笑说：“我也是堂堂的男子汉，别说是杯酒，就是杯毒药，大家对工作如此负责，对朋友如此豪情仗义，玉明我今天长了见识，交下你们这帮为三万卧牛河镇人民谋幸福的乡哥们儿，醉了值得，来，干！”

白玉明说罢一仰脖子，当年知青的那股豪迈的劲头上来，四两金酒王没停顿，一口气便喝了下去。就这一杯不要紧，酒桌立刻就炸了锅，火苗被泼上了汽油，蹿起了老高，小屋顿时就沸腾起来，大家忘掉了宾主，不知道了你我……

六

白玉明和王九斤交上了朋友，卧牛河镇便顺其自然地成了县委的第二招待所。

县委招待省市领导，投资兴业的客商，不管和卧牛河镇有没有关系，白玉明都愿意将他们领到卧牛河来。这里大水库的秀丽风景，鲜美的全鱼席给县领导脸上贴了不少的金。镇长九斤的朴实、率真、仗义、豪爽、水泊梁山英雄好汉的重现，都变了诚信二字，也成了镇长九斤的品牌。他让天南地北的朋友愿意和这里的人们打交道，自然，他们便将大把大把的钞票投到县里来。两年的工夫，白玉明借卧牛河之力，在镇长九斤这帮镇哥们儿的哄抬下，在全省政声鹊起了。

白玉明不论四季，只要几天不去卧牛河，脚底就痒痒。那里的人、鱼、水和连绵不断的大山勾着他，每次都让他有新感觉、新认识，都让他陶醉。

春天了，满山的达子香开得就像一团团的火，在还未发春的山峦上闪着青春的光亮。卧牛河水库捂了一冬的冰甲一层层脱去了。望不到边的水面幽蓝碧绿，这个时候正是吃开河鱼的最佳季节。

白玉明一大早就召开了书记碰头会，布置了一星期的工作之后，眼看快到了中午，这脚熟，不知不觉，又溜到了卧牛河镇。那辆丰田大吉普车老马识途，闪过镇政府的小院，直奔湖边的“卧牛鲜鱼”馆，司机按了一声喇叭，车头履着碎石小路，一头扎到小饭馆的正门口。车还没有停稳，胖大嫂便闻声挑帘迎了出来。她迅速拉开副驾的车门，胖重的身体被两只不大的小脚支撑了起来，肉乎乎的胳膊扬到了车门上边，不知是从哪里学来的这套礼仪，那只油光闪亮的胖手几乎就要贴到白玉明稀疏的头顶，生怕书记不小心碰到了车篷。

白玉明下了车，他早已习惯了胖大嫂，知道她是个外滑内憨的好人。最初的讨厌变成了喜欢，有时还产生了欣赏。这开饭馆的女人不容易，能让镇、县两级把她这里当成招待重要客人的家，像卧牛一样坚守，全凭胖大嫂对人实诚，贤惠善良，外表又要有一点华丽和油条，甚至还要带一丝风骚，眼观六路耳听八方。

“胖大嫂，又来什么客了？”白玉明指了指身边那台丰田4500大吉普车问道。

“是吉林长春什么药业集团的经理，俺九斤镇长请来的，说什么看上了卧牛河满山的药材和能滋补健身的矿泉水。上午考察刚回来，说要投资办厂，把俺们的九斤镇长喜欢得差点就不知道姓王了。”胖大嫂的话音刚落地，王九斤也着忙地跑了出来。

“书记好口福呀！这桌子刚拉开，鱼还张着嘴呢，谁也没动一筷子，父母官就驾到，这叫双喜临门。书记快进屋，俺给你介绍两位财神。”王九斤将白玉明让进了卧牛厅。

屋里的那两位“财神”真是财大气粗，见了这威震一方的县太爷居然是那样傲慢，屁股都没有抬一下，只是冲着白玉明微微点了一下头，嘴角往上动了动，算是见面礼了。他们从内心里根本就没有瞧得起这土不土、洋不洋的县委书记。他们觉得，这官场从一品到七品，要么就土得掉渣，让人喜欢他的纯朴；要么就洋得有品位，让人追捧他的权势和才华。

白玉明心里不悦，这两年的县太爷坐得被人们惯出了脾气，添了毛病，别人稍有不恭，心理上就有那么点承受不住，何况在自己的地盘上。今天这两个人衣着不凡又是外乡人，更是九斤请来的财神，何必和他们较劲呢？自己毕竟是从大城市里来的嘛，多大的官没见过，什么样林子的鸟没遇到过，甚至还交过手。县委书记嘛，正七品，共和国的最基层，要有些气度。白玉明想到这里，横着的心顺了过来，但气还是要出，下马威还是要有点颜色。

白玉明冲着两位客人也点了一下头，然后把九斤镇长为自己拉开的椅子推了回去，他走到两位客人的中间，一屁股坐到了镇长的主座上来。两位长春来的财神便成了书记的左右手。九斤一看，憨憨地一笑，能说什么呢？只得和白玉明打了个对脸坐了下来。

“九斤啊！听说你大老远的请来了两位财神，怎么，还舍不得给本书记介绍一下吗？”白玉明以主人的身份发话了。

“唉！书记，在你右手的这位是长春旭日药业集团公司的董事长兼总经理施才先生，也是当官的出身，下海前是吉林省政府的一位处长，和你同级。那一位是他的助手，总经理助理。”

“噢，原来我们是同行，本人也是省里的处长，下派到这穷乡僻壤，比不上施兄啊。当官是前辈，发财当施主！老弟惭愧呀，望尘莫及。”白玉明说着站起了身，表现出地主的大度。施才见白玉明气度不凡又不是当地土生土长的，也连忙站了起来。相同的经历，平等的身份让二人的手紧紧地握在了一起，算是重新演示了见面礼。九斤镇长高兴，但他从俩人的眼神里仍能看出各自的骄横。看来一场酒桌上的厮杀是在所难免了。

七

施才董事长在酒场上也是盛气凌人。每人三杯酒的面子活一过，挂在脸上那薄薄的遮羞布早被金酒王的火热揭了去。他嗓门也亮了，脖子也粗了，他挡了白玉明书记递过来的啤酒杯说：“白书记这酒不能这么喝了，这前三杯依了你，客随主便嘛，卧牛河所有敬酒的每人三杯，我是来者不拒，给足了面子。怎么，这酒过三巡菜过五味，还轮不上俺老兄说句话吗？”

“施总，今后你就是俺卧牛河的主人了，哪能没有你说话的地方，你说，你说！”九斤站起了身。

“不，我这酒是和白书记，应该叫玉明老弟喝的，既然你拿过来啤酒杯，那咱就喝啤酒，可有一条，我施才怎么喝，你玉明老弟也得怎么喝！”

“行啊，不就是喝啤酒嘛，好，一言为定。”白玉明心里一阵高兴，原本是想用啤酒杯喝白酒一口一杯，打下这位施总的傲气，没承想，他要喝啤酒，那再好不过了。我喝完白酒再喝啤酒可是一绝，啤酒解白酒，越喝越清醒，你这位施才老兄是撞在枪口上了。这回有好戏唱了！

王九斤知道县委书记的底，他为施总捏了一把汗，如果真到了关键时刻，施总败下阵来，俺宁愿得罪自己的顶头上司，也要把这酒局摆平了，决不能放走到手的财神。

白玉明和王九斤各自心揣主意，看着这位长春来的大老板能喝出个什么花样来。

施才站起身来左手接过胖大嫂递过来的那瓶不让打开瓶盖的啤酒，然后瞟了一眼身边的白玉明，右手便捂在了小小的瓶盖上，四个手指并排抠住瓶盖的一侧，大拇指勾住瓶嘴，然后卖了一个关子说：“书记，军中无戏言！”只见施才闭紧了嘴，胸口往上一提气，右手一使劲，只听“砰”的一声，啤酒的瓶盖被他细嫩的右手生生地拔了出来。一股气浪推着翻花的泡沫涌出了瓶口。

“好！”白玉明和王九斤不由自主地喊出了声。

施才不动声色，他将启了盖的啤酒瓶放在了饭桌上，两只胳膊伸出了水平，就像一架喷气式飞机俯冲下来的两个巨大的机翅。紧接着，他弯下了腰，用嘴咬住瓶嘴，那瓶啤酒慢慢地随着施才挺起的腰身离开了桌面。

全屋的人都屏住了气，胖大嫂目不转睛，张圆了的嘴一直就没有合拢。

施才这会儿变成了一个耍江湖的艺人，从容不迫，他将啤酒提升到腰身平直的时候，突然脖子往后一仰，啤酒瓶倒立起来，和身子成了一条直线，随即众人看到施才的喉结有序地上下流动，啤酒像抽水机喷出的浪花，发出咕咚、咕咚的声响，不间断地灌进了施才的嗓子眼。不到一分钟，一瓶啤酒点滴不剩变成了空瓶。

施才把头低下，轻轻地将空酒瓶平稳地放回到桌面上，两只胳膊也从空中徐徐放下。这一连串的动作都在眨眼之间完成。小屋里没有一丁点声响，出乎意料的举止将突然爆发的激动抑制，没有了叫好的呼喊和掌声。白玉明和王九斤决然不曾想到，这种颇具江湖色彩的把戏居然在这位白面书生似的老板身上开演。

施总说话了："怎么样，玉明老弟，照此办理吧，胖大嫂拿酒来！"

"慢着。"九斤镇长抢身站了起来，一把揪回已经迈出门槛的胖大嫂，然后冲着施总嘿嘿笑了起来。

九斤拿过桌子上烫温的一瓶金酒王，学着施总的样子将酒瓶放到自己的眼前，双手背到了身后，然后用嘴咬住瓶嘴，也是一扬脖，一瓶52度的白酒一口气灌进了肚里。

九斤的脸色立刻就红润起来，他放下酒瓶给施总鞠了一个躬说："施总，俺九斤佩服你，当然也佩服俺们的县委书记。俺这瓶白酒虽然没有像施总喝得那样潇洒，但总能换回一个给两位大哥当个判官的权力吧。说句公道话，这第一轮施总赢了。俺白书记绝学不了你这种喝法，但白书记的这一瓶啤酒还是要喝下去的，总量上不能比你施总低。另外，俺知道白书记也有一个喝法，如果施总能一个样不走地学着喝了下去，那俺白书记就彻底败下阵来。如果你也不能照样演示，也算认输，那就打一个回合，闹一个平手。施总、白书记，你们两位大哥看看怎么样啊？”

施才脸上扬起了得意，他的这一招还从来没遇到过对手，但镇长九斤的喝法比他只少了一个程序，但那可是一瓶白酒啊，自己无论如何是承受不住的，非钻到桌子底下不可。也好，看看这位县委书记还能有什么超过自己的喝法。

白玉明心里感谢这九斤，真是一条仗义的汉子，为弱者解难，又不得罪强者。这酒桌上的技巧玩得可真称得上炉火纯青。正是因为这些，九斤凭着一个好人格、自我的魅力而赢得各路朋友、财神的信赖，成了全县的排头兵。如果全县乡镇的党委书记、镇长像九斤这样的哪怕只有三分之一，全县何愁不发展，我这县委书记也就快得到提拔和高升了。

白玉明站了起来，他让胖大嫂拿过来一个大饭碗，接过九斤递过来的启开盖的一瓶啤酒，一句话也没说，左手端碗，右手擎起那瓶啤酒，左右开弓边倒边喝，不喘气不间断，瞬间将这瓶啤酒喝了个一干二净。

白玉明抹了一下满嘴的白沫子，冲着胖大嫂开了口，请拿过来三个小高脚杯，再拿过来一瓶金酒王。他转过身来，冲着施才说：“我这头一轮输了，心服口服，现在补上了这瓶啤酒，就按九斤镇长的评判，我也给施才老兄表个演吧，见笑。”

八

胖大嫂倚在门框上静静地端详着这位县委书记。两年多的时间，她数不清白玉明在自己这个小饭馆里吃过多少次鱼，喝过多少瓶金酒王，也不知道自己的小屋给全县和卧牛河镇创造出多少经济效益。她只知道这位白书记与人为善、谦和，在老百姓当中的口碑极好，但她还从未看到过书记喝酒也能喝出花样来。

九斤心里有数，他陪同书记上省城跑项目，白玉明的几个同学在一块儿聚会，他领略过书记的风采。

施才走南闯北，酒场上什么风浪没见过，今天他遇到王九斤，他爽快高兴，又交上白玉明这样有学问有地位又不要官腔的县委书记，这也是缘分。官场上像这样的人不多了，不说官话，不说套话，不说假话，不说大话，难得呀！

白玉明开始了表演。

三个高脚杯一字排开，整整齐齐放在白玉明的面前。他拿起那瓶金酒王，从第一杯开始朝着第三杯刷地画了一个横道。咳！谁也没有看清这酒是怎样从瓶中流出的，那三个高脚杯被均匀地斟满了酒，不多不少满满当当。“好！”胖大嫂叫出声来，当她发现只有自己一个人高喊的时候，有些不好意思，脸也微微红了一下，便又目不转睛地盯着白玉明。

白玉明从容地放下酒瓶，然后用右手的小指、无名指、中指、食指分出三道缝隙，像四股钢叉子穿到了三个高脚杯之间，然后轻轻地合拢，那三杯酒被白玉明紧紧地拿捏在手中，酒杯除了一字排开之外，还从小拇指开始往上，一杯比一杯高，形成梯次，然后将三杯酒高高地举过了头顶。

众人屏住气，看着白玉明精湛的表演。

白玉明环顾了大家一圈，脸上泛起了当官人特有的霸气。紧接着他仰起了头，把嘴全部打开，右手开始往下翻腕，奇迹出现了，第一杯里的酒像一条清澈的小溪慢慢流入白玉明的口中，第二杯里的酒流入了第一杯里，第三杯流入了第二杯里。

“高山流水！”施才叫了起来。他控制不住自己的激动，这是绝技呀！过去在酒场里经常听到酒友的吹嘘，可谁也没见过。不承想这位县委书记居然有如此妙手。

“好！”众人随着喊了起来，胖大嫂这次没敢喊叫，只是一个劲儿地鼓掌。

酒喝到了高潮，最高兴的当属王九斤。看来施总的旭日集团投资真是板上钉钉了。两位兄长各显其能，俺这卧牛河镇的小地主也要露上他一手。

王九斤向胖大嫂使了个眼色，她心领神会，不用镇长动手，从墙角的玻璃酒柜中拿出来一个普普通通的玻璃茶杯来，然后将白书记表演过的高脚杯取过一只，斟满了金酒王，把它轻轻地放到茶杯里，随后抄起一瓶啤酒，沿着茶杯的周边徐徐地顺着杯壁倒进杯中，杯中的那杯金酒王就像定海神针纹丝不动，任凭金黄色的啤酒花将自己慢慢淹没。

神了！茶杯里金黄色的液体中站立着一个洁白透明的高脚杯，纯净的白酒就像一朵莲花出污泥而不染，更像大连市旅顺的黄海、渤海分界线，两种颜色互不侵犯，泾渭分明。

众人又是一片叫好！胖大嫂富有弹性红光满面的脸上透出了骄傲。

轮到王九斤出场了，只见他那一双蒲扇般的大手将杯口捂严，然后露出一个圆洞，那洞口和杯里的那只高脚杯的直径相同。九斤俯下身去，用嘴对准自己手上留出的洞口之后，一动不动了。

胖大嫂播报表演了：“各位领导，瞧一瞧，看一看了啊，俺镇长九斤开始了他的绝活表演了！这一杯叫‘潜水艇出海’，怎么个喝法，请领导们不要走眼，预备……开始！”

随着胖大嫂一声令下，王九斤浑身的肌肉往上一提，腮帮子猛地往里一抽，只听到“砰”的一声，茶杯中的高脚杯像离弦的箭一样被王九斤吸到了嘴里。

王九斤猛一抬头，金酒王全部扬进了嘴里，空空的高脚杯被他用嘴咬着放到了桌面上。那双大手从茶杯口上松开，一杯满满的啤酒一滴未洒，刚才还翻滚的啤酒恢复了平静。

白玉明、施才等众人用筷子敲打着各自眼前的盘碗，形成了一首交响乐。

施才总经理被卧牛河镇的优质的山水资源感动，被以王九斤为代表的憨厚的山民的朴实感动，为有白玉明这样有知识、有抱负、体谅百姓的书记感动。“不喝了！不喝了！”他吩咐手下从棕色压花的公文包里取出了合同。

施总说：“不能再喝了，趁着明白，咱们把协议签了，不用再考察了。白书记和九斤镇长，还有这位胖大嫂是最好的律师和会计师，考核通过，我们旭日集团的第一笔投资 500 万元，今天下午汇入。”

掌声响起来，王九斤的脸上是那样灿烂。

九

白玉明被一阵急促的敲门声惊醒。今天是星期天，难得睡一个懒觉，昨晚上在九斤那里喝得几乎失去知觉的头刚刚清醒了一些，是哪个混账东西这么不懂规矩，搅了早晨的回笼觉。

“白书记，白书记，俺是卧牛河镇党委的瘦书记啊，有重要情况向你汇报，请你开开门。”

白玉明一听是卧牛河镇的，心里便灵机一动。他早听胖大嫂说过那“瘦猴”不是个东西，到处说镇长九斤的坏话，抱怨九斤挡住了他升迁的道，这副书记都干了快 8 年了，镇长当不了书记，他就永远当不上镇长。“瘦猴”除了想当官，还经常泡女人，他不时地跟胖大嫂动手动脚地想占便宜。胖大嫂讥讽他：“瞧瞧你那熊样，不够百斤的身板，不怕累折了你的腰！”因此白玉明从心里烦这个副书记。

白玉明打开了门让“瘦猴”进来，“瘦猴”二话没说，从提包里取出了一台数码照相机，他没经书记的同意，便打开了写字台上的电脑，插上连接线，将数码相机的照片在电脑上给白玉明一一演示。

白玉明惊愕了，这些照片就像放电影一样一幕一幕让他触目惊心。王九斤赤裸着身子，下身只穿着一件红色的裤头，他趴在炕上，头耷拉在炕沿下，胖大嫂穿着大背心、大裤衩，骑在王九斤的身上，双手按着镇长的脊背；另一张王九斤仰躺在炕上，全身呈现出一个“大”字，胖大嫂跪在一侧，双手掐住镇长的头；接下来是两个半裸的男女并排躺卧着，闭着眼睛，好像是睡着了，再一张……

“关了！给我关了！”白玉明愤怒地叫喊起来。他内心里极度混乱，不知道是为了自己最心爱的干部的腐化而痛心、伤感，还是因为眼前这位貌似正人君子的“瘦猴”的行为而让他愤恨。

“瘦猴”书记并没有窥视到县委书记的心理变化，他以为是自己提供的九斤镇长腐败的证据多多，而让最赏识九斤镇长的县委一把手产生对九斤的厌恶，转而会对自己的“正直”刮目相看。“瘦猴”有点得意忘形，他对白书记道出了证据的由来。

瘦猴盯梢王九斤不是一天两天了，他知道镇长的习惯，只要来了客人多喝了酒，深更半夜就不回家了，一头扎在酒馆里，闷倒就睡。胖大嫂是个寡妇，有个闺女在县城读高中，一个月回来一次。胖大嫂感激镇长九斤的帮助，这小酒馆才生意兴隆。虽说寡妇门前是非多，可胖大嫂不怕，更不在乎那些烂舌头的人胡咧咧，只要王九斤不倒，就有源源不断的进项。因此，胖大嫂对酒后的镇长关怀得无微不至。说起来也怪，不论王九斤喝多少酒，喝得抓肝挠肺得烧心折腾、呕吐，只要胖大嫂在跟前，给镇长一掐一按的，九斤就不闹了，很快就恢复了平静，不一会儿打着呼噜就睡着了。第二天早晨，胖大嫂给镇长做碗面片儿汤，出锅滴几滴香油，这酒就解了，体力也还原了，活蹦乱跳的，精气十足，照旧上班、陪客、喝酒。

王九斤的媳妇早就知道，她不打不闹，有时还给胖大嫂送来一些补品，那都是南来北往的朋友给王九斤的。胖大嫂一笑了之，收下，统统收下。镇里的老娘儿们羡慕这姐儿俩的和平相处。

镇里的男人们嫉妒镇长九斤，这好事怎么都让他一个人摊上了。镇长心里明白，两个女人更明白。王九斤是白长了一个英雄的坯子，胳膊腿壮得都像碗口粗的杠子，硬邦邦，那凹凸分明的肌肉绷得紧紧的，一块一块地排列着，哪个女人看了不动心。可惜啊，九斤镇长是个骡子，裤裆里那玩意儿，从嘴巴上长出绒毛开始，他就再也没有勃起过。媳妇陪着他看了中医，看西医，大夫说："这都是那金酒王坐的病。"他们让王九斤两者取其一，不喝酒当一个真正的男人；要么继续喝你的金酒王，这传宗接代的事就别想了，一辈子也尝不到女人的滋味。

王九斤爽快，他舍不得他的命根子金酒王。

"瘦猴"哪里知道这些，他扒窗户拍的那些照片，自认为是镇长泡女人的序曲，关键时候胖大嫂就闭了灯。他建议白书记跟他去捉个现行。

白玉明在气头上，脑袋一片糊涂，是骂王九斤呢？还是骂眼前这个混蛋？他需要冷静下来。正在这时，门外又传来了女人的叫喊声。

"白书记，'瘦猴'在你这儿吗？"随着声音落地，只见两个女人风风火火地闯进了县委书记的办公室。"瘦猴"一见，脸都吓白了，连忙躲到了白玉明的身后。

“噢，是九斤嫂子和胖大嫂啊，你们姐儿俩搭帮找我，是不是也为王九斤的事啊？”白玉明指了指写字台上的照相机。

“是呀！没错，就是为了王九斤的事。”她俩边说边从白玉明身后把“瘦猴”揪了出来。王九斤媳妇小脸气得刷白，不由分说，抡圆了左胳膊狠狠抽了“瘦猴”一个大嘴巴。俗话说，左撇子的手掌一般都是断掌纹，打人像板子。白玉明还没闹清这是怎么回事，只见“瘦猴”脸上起了五道鲜红的手指纹。

“唉哟，疼死俺了，九斤嫂子你这是为啥呀？”“瘦猴”书记捂着脸，双脚在地上不停地跳。

“为啥，就为这！”胖大嫂的大脸气得通红，她左手举起桌子上的相机，右手抡圆了“啪”的又一声，瘦书记的右脸蛋也留下了五个鲜红的指印。

“瘦猴”书记这回没了脾气，连声也不敢吱了，他怎敢得罪镇长的媳妇和这位二夫人胖大嫂呢？这些证据是他用偷鸡摸狗的本事搞来的，见不得人嘛。在白书记面前，这真有点背兄弟媳妇过河，挨压受挤兑，费力不讨好。

白玉明愣住了，这九斤媳妇不但不抱怨自己的丈夫偷嘴吃，反而和这贼情人一道联手护着王九斤。

两位妇人的气出了，这才丢开了“瘦猴”，转身面向了白玉明。俩人就像川剧里的变脸，愤怒立刻变成了嬉笑，她俩讨好地说：“白书记，你别信俺那‘瘦猴’书记瞎咧咧，照片是真的，但没有实质内容呀！胖大嫂，你和书记说说。”九斤媳妇往前推了几步胖大嫂。

胖大嫂一点也没觉得不好意思，她索性将白书记拉到了里屋，说出了原因。白玉明听了很惊讶，天下还有这样的男子汉？

九斤嫂子也闯了进来，她说：“俺家九斤说了：要女人，要儿子，还要不要咱卧牛河了？这镇里发展经济全凭俺王九斤这点酒量支着呢，人家冲着俺九斤的实诚，冲着俺九斤的金酒王啊！他把自己当成了救世主。”

两位女人拗不过他，那只有一条，将九斤的身体照顾好。

白玉明听完哈哈地开怀大笑起来，一个悬挂的心归位了。三个人一齐走出了里屋，他们这才发现，“瘦猴”书记早已经跑得无影无踪了。王九斤这个秘密到白玉明这里算是封上了封条。

十

“瘦猴”的快嘴将王九斤养小蜜的消息吹遍了全县，并说县委书记默许了这一事实。舆论并没有掀起什么风浪，人们看得十分平静，但凡有些议论也全都偏向王九斤这一边。劳模的小节嘛，不足以抹杀早已在人们心中生根的形象，告状者“瘦猴”反而成了落水狗，人人喊打。他一天也不敢在卧牛河镇呆了，生怕乡里人们揍他，活扒了他的皮，整天躲在县城里央求白书记给条出路。白玉明还是高抬了贵手，将“瘦猴”调到全县深山区最远的一个乡——陷牛沟，仍旧当他的副书记。

王九斤也被白玉明约法三章，今后喝再多的酒，也不许夜宿胖大嫂那里。一定要注意自己的形象和影响。毕竟秘密只有他们四个人知道。金酒王一定要少喝，酒是一切风云的祸根。两位女人，九斤嫂子和胖大嫂当然高兴，举双手拥护县委书记的决定。王九斤只有无奈地苦笑。

白玉明给胖大嫂下了死命令，每顿酒席的标准按人头限量供应金酒王，空瓶留下，按明细查对，如有差错，拿你胖大嫂是问。另外，一旦王九斤喝多了酒，要赶快送他回家里，决不许可留在旷野湖畔的鲜鱼馆内过夜。白玉明知道什么叫政治风险，万一他王九斤闹出了笑话，那就直接影响了自己的声望和前程。因此，只能委屈了这位立下汗马功劳的朋友了。

军令如山，一个夏天的招商引资最红火的日子过去了，王九斤相安无事。

大雪再次覆盖了卧牛河，喧嚣被封进了深深的湖底，伴着鱼儿一起进入了冬眠。小镇安静了下来。家家户户的山村旅馆、农家乐旅游村也都闭门谢客，整个卧牛河的山山水水全都睡了过去。

镇长九斤最耐不住寂寞，“早上喝酒迎朝阳，中午喝酒斗志昂，晚上喝酒入梦香”的日子让他留恋。这两天让他操心的却是那个“瘦猴”书记，这小子隔三岔五往他这里跑，不知在哪儿喝了几口猫尿，跪在九斤的脚下不走，脑门上磕出了一个青包，什么赔礼道歉了，什么大人不记小人过了，央求老领导在县委白书记那儿求个情，把他调回来。他那个穷乡，穷得叮当响，甭说喝酒了，喝水都困难。这一年了，“瘦猴”又瘦了一圈，成了柴火棒。过惯了富日子的他实在是熬不下去了。

九斤动了心，这小子嘴臭，心眼歪，但毕竟跟了自己8年，谁还不想当个官？盼着上个台阶，想疯了就干出点出格的事情来。都在官场上混，算了吧，杀人不过头点地，还是把“瘦猴”调回俺卧牛河。这位置空了一年，白书记派了几个，他都不称心，那些人除了一身的肉膘比“瘦猴”丰满，其他都还赶不上又让他讨厌、又有点离不开的“瘦猴”。这“瘦猴”啊，在九斤的心里，太像电视剧乾隆皇帝手下的宠臣和　了。

九斤原谅了瘦猴，自然，白书记这关也就顺顺当当地过了。王九斤心里急，这大冬天的又没多少事干，县委组织部的命令还没下，他就急匆匆地开车去接自己的老部下“瘦猴”了。

北京切诺基大吉普翻山越岭，就像一挂马爬犁，在雪原中东划一下，西划一下，忽忽悠悠漂了一个多小时，才来到憋死牛的陷牛沟。

陷牛沟乡真是歇冬了，几栋破旧的平房被大雪压得几乎塌了腰，所有的门都上着锁，只有挂着乡党委书记办公室的窗户上伸出了一节烟囱，还有一缕断断续续的青烟冒出。

王九斤推开了这个房门，只见屋里一片狼藉，几个人围着火炉边的方桌子正在打麻将。

冲着门的那个灰秃秃的汉子见了王九斤之后连忙站了起来打招呼。王九斤也认了出来，这人正是陷牛沟乡的党委书记王宝亮，那个在全县经济工作大会上，穿着西装打着领带的书记。今天怎么损到家了，一身油渍渍的黑棉衣，蓬头垢脸的，像个赶大车的老汉。

“哎呀，俺的妈呀！俺说今儿个左眼皮老跳，原来是财大气粗的九斤镇长啊，怎么，连个招呼都不打，闯进俺这屎窝里来了？”王宝亮吩咐手下人赶快收拾桌子，沏茶递烟。

王九斤说话了：“宝亮书记，你够悠闲的呀，这大星期一还放着假呢？”

“唉，当着富人不怕说穷话，这陷牛沟比不上你们卧牛河呀，真应了这陷牛沟的名了，穷得拔不出脚来了。几个月工资都发不全，更没有买煤的钱。你看看，锅炉早就不烧了，机关全都放了假，就俺这当书记的一个屋里生了炉子，硬撑着乡政府的牌位。九斤你别笑话俺，那天穿着个溜光水滑的，因为站在了县委会议室的主席台上吹牛，做样子嘛，是糊弄咱白书记的。”王宝亮说了实话。

王九斤一听着了急，“难道‘瘦猴’也没来上班？”

王宝亮一听笑了：“俺说的呢，九斤镇长是冲着‘瘦猴’来的。‘瘦猴’书记呀，被派到老乡家里吃住了，这乡政府穷得没他住的地方。”

“宝亮呀，这就是你的不对了，这乡政府可不能闭门谢客，到时候老百姓有个急事找谁去？有困难你找俺九斤，说句话，这煤钱俺给你们出。怎么说，‘瘦猴’下嫁在陷牛沟，咱们也当了一次亲家呀！俺这次来，是接‘瘦猴’的，他又调回卧牛河了！”

王宝亮一听说是来接“瘦猴”的，黑灰色的脸一下子阴沉下来，他把镇长九斤拉到了一边悄悄地说：“瘦猴一时走不了了，和老百姓犯了官司，现被人家扣起来了。”

王九斤一听立马火冒三丈：“咳！谁敢欺负俺卧牛河的人！”他冲着王宝亮喊了起来：“我说你他妈的当的是什么狗屁书记！你是干什么吃的！让副书记吃了老百姓的官司，丢人哪，俺今天就跟你王宝亮要人！”

十一

“瘦猴”调到陷牛沟乡，是从金窝挪到了屎窝。他告状王九斤是偷鸡不成反蚀把米。领导不得意他，群众也离他远远的。“瘦猴”情绪极度低落，抱着个破罐子破摔的逆反心理，在陷牛沟安营扎寨了。

乡党委书记是个土生土长的陷牛沟人，七大姨八大姑一串的亲戚，私心极重爱占个小便宜。也难怪，这里太穷了，见不得富贵。“瘦猴”的到来，就成了羊群里的骆驼。王宝亮见这“瘦猴”书记的汽车卸下一箱一箱的金酒王白酒，眼红心动。正好，乡里的食堂穷得关了门，那就把这个瘦“富”书记安排在自己的表姑姐家，肥水不能流到外人的田里。到时候自己也能蹭几顿酒喝。

表姑姐水莲比“瘦猴”大了一岁，这山妞长得十分俏丽，全陷牛沟就这么一朵白脸蛋的水莲花，无人可比。“瘦猴”也就随着王宝亮叫了表姐。这表姐夫虽然长得五大三粗，却是个傻牛、缺心眼，一见“瘦猴”搬进家来，他却像没有看见人一样，一双无光的大眼盯住了那一箱箱的金酒王。

水莲热情，帮助瘦书记将行李放到了东屋，一铺临窗的南炕，炕席像耗子嗑过一般，豁牙露齿。两床印有牡丹花的行李卷，炕头一个炕尾一个。“瘦猴”见状扭头就去了西屋。好家伙，西屋的房脊上有一道通天的裂缝，风一吹，积雪就抖落一地。这里根本没有办法安身栖息。

“瘦猴”反身又回到了东屋，只见水莲已经把行李收拾妥当。水莲睡在小炕的中央，“瘦猴”被安排在水莲原来睡的炕尾。这炕头炕尾两个大男人，中间夹着一个含苞待放的漂亮女人，“瘦猴”心里有点肝颤。

“宝亮书记，你看看。”他用手指了指这铺小炕接着说：“这地方俺‘瘦猴’没办法睡呀！你还是给俺调换一家吧。”“瘦猴”犯愁地请求。

“唉，瘦书记，这是咱全乡最干净的人家了，要不是看在你我搭班子共事的面子上，我说什么也不让你睡在俺表姐家，你说是吧？”

王宝亮将“瘦猴”拉到一边说：“你这傻小子，上哪找这好的事呀，俺那傻姐夫除了喝，就知道睡。表姐干净利索，做饭是一把好手，上哪儿找这样的人家？你就放心在这儿吃住。一月交上十块八块的饭钱就行了，保证没有你的亏吃。”

水莲也紧忙凑过身来，扯了扯瘦书记的衣袖说：“瘦书记，俺表弟说得不错，表姐可看不上那几顿饭钱，走进俺的门，就是一家人，说那些多显外道。”

“瘦猴”看着水莲细嫩的腰肢、丰满的前胸、滚瓜溜圆的屁股和那一双秋波闪动的大眼，瘦猴有点心猿意马了。有点意思，看来俺“瘦猴”要走桃花运。对了，应了一句话，叫作官场上失意，情场上得意嘛！

“瘦猴”也就不再推辞，便高高兴兴地在表姐水莲家住下了。傻牛只要每晚上喝上二两金酒王，睡得跟死猪一样。

“瘦猴”很高兴，没想到三天之后水莲就主动地钻进了自己的被窝里。水莲的滋味，才让他有生以来知道了什么叫女人。他心里想你王九斤算什么？那个胖大娘们儿怎么能和这水莲比呢。老天真是有眼，发配到这兔子不拉屎的地方，却给了俺一个如花似玉的娘们儿，平衡了。

“瘦猴”心里只装下了水莲，不知不觉春夏两季就过去了。眼看就要入冬了，县城的家一次也没回去过，老婆、孩子都不要了。卧牛河镇的娘家却没忘了嫁出去的女儿，金酒王保障供应，只要“瘦猴”拨个电话，镇长九斤大笔一挥，签字拉酒，陷牛沟的日子就这样在喝大酒、睡女人当中度过。

十二

晚上，“瘦猴”和傻牛喝完最后一瓶金酒王，各自回到自己的领地。傻牛拉灭了电灯之后不到一分钟，就打起了如雷的呼噜。“瘦猴”用手推了推水莲，水莲一翻身就滚进“瘦猴”的被窝里。俩人没个够，整晚厮扯在一起，还像新婚一样的新鲜。

“瘦猴”被这个水性杨花的女人培养成了性工具，这工具一天不用，这一对男女就无法入睡。“瘦猴”今天的酒喝得不多不少，正是有情趣的时候，他翻身骑在水莲身上正在疯狂时，突然，电灯被炕头的傻牛拉亮了，两个赤裸裸的男女被傻牛看得一清二楚。“瘦猴”

吓傻了，连忙翻身下马，却被水莲死死搂住。水莲在他耳朵上轻轻地说："不用下来，听傻牛说什么？"

"不用下来！明天把俺西屋的房顶给修上！"傻牛说话了。

"唉，明儿天一亮，本书记就派人把西屋的瓦铺上，放心吧，傻牛哥。""瘦猴"连忙答应。

"啪！"灯被"傻牛"拉灭了，一分钟鼾声又起。

从此以后，随着"啪"声的不断连续，房修好了、院墙垒上了、水莲的自行车骑上了……

这"啪啪"声让"瘦猴"逐渐清醒过来，他感觉到自己就像这陷牛沟里一头筋疲力尽的瘦牛，在这个女人沟里越陷越深，不能自拔。他开始后怕了，这样下去就只剩了一架骨头，恐怕也难从这陷牛沟里爬出来。谁是俺救命的稻草？他又想起了自己的老上级镇长九斤来。

九斤不计前嫌，伸手相助。水莲却回了娘家。"瘦猴"被傻牛锁在了修整一新的小院。"瘦猴"后悔，自己给自己画地为牢。

九斤和王宝亮一起去了他表姐家，大门叫不开，傻牛在院里传出话来："俺媳妇说了，她留下了一纸合同，农村叫字据，谁交出三千元钱，俺就放人，和瘦书记一笔两清，一刀两断，再不纠缠。"

王九斤狠狠瞪了一眼王宝亮，仰天哈哈大笑："不就是三千元钱嘛。院里的傻牛听着，咱们一手放人交字据，一手给钱。证人就是你们堂堂正正的乡党委书记，你们的表弟王宝亮！"

王九斤将数好的三千元钱从门缝里往里晃了晃说："傻牛，看好了，放人吧！"

"交给俺宝亮兄弟就行了，俺数不清这么多钱。"

王宝亮红着脸，低着头把钱揣到了兜里，然后往院里喊了一声："放人！"扭身就走了。

红漆大门哐当一声打开了，只见“瘦猴”手握着那张字据，冲出了这个让他终生难忘的小院，他扑到九斤的怀里，像孩子一样号啕大哭起来。

王九斤让“瘦猴”坐进了汽车，行李不要了，办公的用具也不要了，陷牛沟镇党委副书记净身出户。切诺基大吉普就像一头发疯了的狮子，怒吼着冲出了陷牛沟。一路无话，只有发动机的轰鸣伴着“瘦猴”的泪水。不到一个小时，吉普就停在了大水库那栋熟悉的木刻楞鲜鱼馆前。胖大嫂热情不减，照旧将卧牛河镇党委副书记“瘦猴”迎进了卧牛厅。

九斤嫂子也在这里候着。“瘦猴”书记一脸的羞愧。

镇长九斤铁青着脸，他把“瘦猴”叫到胖大嫂给他捶背的小屋的炕上，炕中间放上了红漆炕桌，只有四个小菜放在桌子中间，桌子上一改过去的大鱼大肉。“瘦猴”看了这小桌面上的四个小菜，一个凉拌苦杏仁，一个苦麻菜，一个拌冻白菜心，最后是一盘小葱拌豆腐。九斤镇长是用心良苦呀！这是让俺忆苦思甜加上做人要一清二白。

两位女人谁也不让进去侍候局，她俩只好呆呆地坐在外厅，听着屋里的动静，唯恐二人吵闹起来。

忽然，小屋里传来镇长九斤号啕的大哭声。

十三

镇长九斤的宅院在全镇的最高处，一块向阳的小山坡上。全镇居民区里唯一的一栋简易二层小楼。板加泥的墙体，外面涂上了米黄色。洋铁皮的瓦盖，天蓝色的门窗，玻璃窗都钩有半截的透花窗帘。楼梯外置，工字钢上铺着落叶松木板，一直通往二层东墙外的大凉台。不大的建筑透着一股俄式老毛子的风采。

这二层小楼是他亲自设计的，楼梯外置是为了让老百姓找他方便，谁也不用打招呼，上了二楼就可以直接敲镇长的窗户。他决不会让乡里乡亲的在房外吃闭门羹。每天早晨起床的头一件事，不刷牙，不洗脸，先到凉台上观察全镇的情况。哪家困难了，烟囱没有冒烟，是缺柴了还是短米了；哪里有什么突发的事件，或者有个火情什么的，他全看得一清二楚，都及时地加以处理。王九斤为卧牛河镇的老百姓解决了多少困难，办了多少好事，谁也记不清楚。

卧牛河镇的老百姓说得清。大家都知道镇长九斤早上的习惯，谁家有个难事不用去敲镇长二楼的窗户，只要在楼下的那片空场上发发牢骚，儿媳和老婆婆对骂几声，到不了太阳落山，再难的事也有个着落，好办的事呀，没等到你到家，一个电话那事情就办妥了。

卧牛河镇是全县唯一没有信访办机构的乡镇，省里还在这儿开过现场会。

头道街拐角处住着一个丁老汉，养活着三个儿子，一家四口四个光棍。老汉一个人上班，在镇政府的护林队。家里原有十几亩地都退耕还林了，补偿的那点钱不够三个大小伙子喝酒的，一眨眼就锅干瓢净了。家里虽然没有女人，可十分热闹。三个儿子闲着没事相互打骂，打累打烦了，哥仨就捆在一起和老爹打，骂当爹的没本事。他们非要让老爹领着去坡上镇长的小楼下，不说找工作，非要逼着丁老汉改姓。三个儿子说娶不上媳妇，找不着差事干，都是姓丁姓的。这钉子光光溜溜的什么都没有，穷得只剩下这么一根棍了，钉到这穷桩子上还能拔出身来？

王九斤对丁老汉家早就心中有数，他也等着这四条光棍汉。今天见他们来了，九斤在大凉台上使劲地咳嗽了一声，低头往空场上瞄了一眼，四人立刻就停止了吵闹，老大吹了一声口哨，一家乖乖地走人了。

半个月后，丁老汉退休。他的大儿子进了护林队，三儿子去了捕鱼队。就二儿子最没出息，是出了名的酒徒，可谁也不会想到，老二的工作分配得最好，上了镇酒厂。镇长说要培养他当品酒员。

王九斤铮铮的一身铁骨，也有害怕的时候，那就是逢年过节。全镇三万人上千户，不要说一家派一个代表，就是有三分之一的人来，上楼待上那么一分钟，也能把镇长的小楼踩塌了架。因此，一到年根，镇长家就人去楼空。

镇长有政策，老百姓有对策。

那年腊月二十三，刚到小年，王九斤吃完小年饭，明天一早就要携妻出走躲“债”了。这天早晨天特别的冷，土暖气昨晚上烧得咔咔直响。这天还没全亮，暖气已冰手了，所有的窗户上都印满了冰花。王九斤从不赖被窝子，生物钟一到，他就撩开被子下了地，摸黑从沙发上零乱的衣物中，穿好自己的那套衣服，推门就来到了东凉台。

铅灰色的天空开始透出一层清亮的蓝色，弯弯的月牙挂在西边的山崖上。朦胧中的小镇，一排排的平房已显轮廓，跳跃出一缕缕柔弱的光亮。房顶厚厚的积雪里冒出断断续续的炊烟。卧牛河小镇的黎明，王九斤天天看也看不够。他冲着天空深深吸了一口气，伸开双臂打了一个哈欠，然后习惯地往楼下空场上张望。

空场上空无一人，王九斤又把目光移到自家的楼梯上。突然，他的眼睛一亮，发现楼梯台阶的木板上，堆满了五颜六色、花花绿绿的东西，一堆一堆、一团一团地从一楼排到了二楼。

九斤心里一惊，这些都是什么东西？难道……难道是炸药？常有乡镇领导家的玻璃被砸，或者放点炸药崩了门窗。俺九斤干得不错呀，不至于把俺恨成这个样子。

王九斤从东凉台一个箭步跳到楼梯旁，他蹲下身子一看。嘿！他笑出了声：“俺当是什么玩意呢？原来那摆满的龙蛇阵，全是他妈的好吃的！”那一堆一团的全都是什么罐头啦，烟酒茶糖啦，还有野鸡山兔，堵在楼梯口的竟是两只扒了皮、去头去尾的肥山羊。

噢，九斤明白了，乡亲们知道了俺的行踪，把这过年的礼提前堵上了门。这么多东西可让俺怎么处理呢？又不知是谁送的？

天全亮了，王九斤也有了主意。他叫九斤嫂子搬来一个方凳子，摆在了东凉台上。王九斤站在凳子上，双手做成一个喇叭状，他开始向居民区广播了。

“乡亲们！俺王九斤谢谢大家了，这些东西俺不能收下，大家的心意俺领了，请大家把各自的东西拿回去。如果你们非让俺九斤收下，那你们就帮助俺把这些好吃好喝的，送到咱们镇的敬老院去，谢谢了。如果大家不肯，俺九斤就跪在这方凳子上不起来！”

九斤连续广播了三遍之后，果真跪在了凳子上。

空场上站满了乡亲，九斤望着他们，他们望着九斤。九斤的泪水涌出了眼眶，顺着脸颊滴到那件皮夹克上便冻成了冰凌。

人群中，丁老汉的泪水被睫毛挡住，拉出了冰丝。不能再这样沉默下去了。只见丁家的二小子跑到了乡亲们的面前，他边跑边喊：“咱们就听镇长的话吧，别让他跪在那里了。大家伙送礼为了什么呀，不就是感谢镇长平时里对咱们的照顾吗，可不能让恩人受罪呀！”

一个大娘说：“俺这辈子也没见到过九斤侄子这么好的人啊，别折腾孩子了，不管谁送的，全都送到敬老院去！”

不知是谁带的头，乡亲们鼓起了掌来，然后把楼梯上的东西全部拎到手上，浩浩荡荡地直奔敬老院而去。

王九斤在媳妇的搀扶下，艰难地将僵直的双腿放到了凉台上，他一屁股坐在方凳上，目送远去的乡亲。打那以后，再也没有到镇长九斤家送礼的人了。卧牛河平静了。

十四

白玉明夺下九斤手里的金酒王，他冲着省发改委农村处的黄处长央求说："我这县委书记求个情，这个面子你得给呀，我不是不让九斤镇长喝，这从天亮到天黑，他接待了四伙客人，再喝就要喝出事了！"

黄处长倚里歪斜地靠在了门框上，舌头打不起卷了，说起话来两个嘴角直透风，他是个河南人，拍着白玉明的肩膀直说："中、中啊，这回就放九斤镇长一马……"

白玉明给"瘦猴"使了个眼色，瘦书记醉眼蒙眬地喊了起来："散了，散了，俺要送镇长回家了。"

胖大嫂接到从县一中打来的电话，说女儿发高烧。她连忙扔下一桌的碗筷，顾不上收拾，搭县委书记白玉明的汽车去了县城。

九斤嫂子两天前回了娘家。丁家二小子下班后把镇长家的土暖气烧热才回家吃饭。王九斤不论多晚回来，小楼里暖暖和和，他倒头就睡。

胖大嫂在汽车里急出了一身汗，20 分钟的路程，她迫不及待。一会儿想着闺女，一会儿又想着镇长九斤，担心没有人照顾他，一年了，头一次喝这么多的酒，心里一直就平静不下来。赶到县一中宿舍的时候，让她高兴的是，闺女已经退了烧，从 40 度降到了 37 度。胖大嫂的心才像过山车几个大轮转之后，静静地停到启程点。

白玉明吩咐秘书在县委宾馆给胖大嫂安排了一个房间："好好洗个热水澡，休息休息，明天一大早，俺白玉明请大嫂吃早饭。"

胖大嫂应允了，送走了白书记，又忙着把闺女的那一堆脏衣服洗干净，这才歇下脚擦了把汗。她接过闺女同学倒过来的一杯白开水。端起茶杯，轻轻吹了吹，其实宿舍的暖水瓶早就不保温，倒出来的水不凉不热正赶口。胖大嫂确实也渴了，一口气把一大茶缸水喝完。闺女躺在床上笑了："妈，你这喝水怎么跟俺九斤叔喝酒一样啊，真爽。"

胖大嫂还没回闺女的话，就觉得心里突然横了过来，顿时感到心慌，六神无主，站着不是，坐着也不是。从来没有这种现象出现过呀！不好，卧牛河那边一定是出了什么事情，她有预感，九斤镇长小一年了，也没有喝那么多酒。老毛病一定犯了，没人给他按摩捶背，再说了，九斤媳妇也不在家。不行，俺得回去。

胖大嫂看了看表，已经半夜 11 点了。

闺女知道妈妈放不下九斤叔，何况自己也不烧了，便让同学在校门外找来一辆出租车。胖大嫂拍拍闺女的头说："还是女儿知道当妈的心思，好好休息，不要再反复了，明天俺再来。"说完留下二百元钱就急促促返回了卧牛河。

"瘦猴"和司机费了好大的力气，连背带推才将镇长九斤从吉普车里挪到了小二层楼上。王九斤咧着个大嘴光知道笑。等躺到了二楼卧室的床上，他才说了一句话："难为你俩了，他妈的你俩加在一块儿，还顶不上俺一个人的分量。"

"瘦猴"一看："嘿！咱镇长还明白呢，没事了。"他给镇长脱下了衣裤，看他钻进了被窝。他又在床头桌上放了一个大茶缸，凉满了白开水。喝多了酒的人，半夜都会被胃里的火烧醒，全凭这一缸水解急呢。

两人收拾停当，见镇长九斤又鼾声如雷，觉得不会有什么事了，便拉灯关门，沿着楼梯悄悄地离去了。

十五

王九斤睡下还不到半个小时，就感觉到心里火烧火燎的焦灼。“瘦猴”临走时给他盖上的棉被，早就被踢到了床下的木地板上。王九斤赤裸着身子，仰脸朝天，全身呈现出一个大字。他不停地用双手敲打长满黑毛的前胸，嘴里黏稠稠的，不知是口中的分泌物还是从胃底反出来的酒、茶混合物，顺着嘴角流了出来。屋里充满一股股恶臭的腥气。

王九斤睁开了眼睛，伸手将床头桌上的台灯拧亮，双臂艰难地支撑起沉重的身体，慢慢地坐了起来。他捧起那缸凉开水，咕咚咕咚地全都灌下了肚，顿时胃火似乎被浇小了一些，焦灼的疼痛也稍有缓解了。肚子好受了点，头却明显地胀痛起来，从里往外的放射性疼痛，像手榴弹爆炸前热量被压缩在那小小的铁壳中一般，它们左突右冲，要在坚硬的铁壳中凿开一道缝隙，冲杀出来。

王九斤又躺回了床上，头痛得越来越厉害，他将双手的十个指头分开，把脑袋紧紧地抠住、按压。这时他想起了胖大嫂，每当他喝下那缸凉开水的时候，疼痛马上就转移到了头顶，这时，胖大嫂就会把自己脸朝下翻过身来。她那一百五六十斤的分量，骑在自己的屁股上，像一块沉重的碾盘，死死钉在了床铺上。然后，胖大嫂那双抡大勺挥菜刀的大手，便开始了工作。她十分有力气，软中带硬从头顶开始按压。下手一把比一把有劲，疼痛一分比一分减少、疏散。这疼痛被胖大嫂从头顶驱赶到脚底，不知不觉地就像打了一针止痛药杜冷丁，所有的症状都渐渐消失了，慢慢地从身体的末梢神经开始发热，从外到里又回来了。这时候，头不痛了，胃也不疼了，全身的肌肉放松了下来，就好像被抽去了骨头的肉，浑身稀软，立马就睡着了，一觉闷到天亮。

自从县委白书记约法三章，再也没有得到这份享乐了。

疼痛加剧了，双管齐下，心、胃、肚子合起来攻击了。肚子里的肠子缠绕在一起，搅拌在一起。胃和肛门相互地拉扯，拔河一般从上拉到下，从下拉到上。王九斤被折磨得大汗淋漓，从床上翻倒在地板上，他盼着胖大嫂……

王九斤自小喝酒到现在，醉倒了无数次，每次都又爬起来。可像今天晚上的情景还是第一次遇到。两位女人都不在跟前，连那个“瘦猴”也扔下自己回家搂老婆了。孤独袭击着他，疼痛折磨着他，他盼着有个人来，照着脑袋给自己当头一棒，那就解脱了。

肚子里的火越烧越旺，他爬到厨房，坚持着站起了身。他把水龙头打开，接着水管子喝了一个够，一直喝到水从嗓子眼倒流了，火仍然没有扑灭。

王九斤关闭水龙头，扶着橱柜往客厅里挪步。他的手一下子摸到了橱柜平台上的一把菜刀。王九斤突然觉得遇到了救星，他兴奋起来。嘿！胖大嫂来拯救俺来了。

王九斤再也忍不住那火烧火烤般的折磨，他要打开臌胀的肚子，把火放出来。他抄起了菜刀照准下垂的肚皮用力一割，“哧”的一声，肚子泄了气，白花花的肠子一股脑地涌了出来。

王九斤一点也没有感觉到疼痛，只是觉得火苗小了，不那么焦灼了。可是疼痛并没有缓解。他妈的，老子把你们全都放了出来，你们还不饶了俺，俺给你们来个斩草除根！九斤怒吼起来。只见他左手揪直了肠子，右手轮圆了菜刀，他一刀砍下去，肠子被剁成了两段……

王九斤“噢”的一声大喊便失去了知觉，和火一样颜色的鲜血流淌出来……

出租车拉着胖大嫂直接就停在了镇长九斤的小楼下。胖大嫂见二楼的灯还亮着，心里一惊，这么晚了还没有睡下？她急忙拉开车门就往楼上跑。

“唉，还没给钱呢！”司机喊叫了起来。胖大嫂在楼梯上头也没回地喊了一声：“少不了你的钱，稍等一会儿！”

胖大嫂撞门闯了进去，鲜血已流到了门口，王九斤倒在血泊中。

“快来人！”胖大嫂疯了一样地叫了起来。她一边哭喊着，一边扯下窗户上的纱帘。她不知道哪来的力气，一手将王九斤的屁股放到自己的大腿上。然后，双手把流出来的肠子又给塞了进去，用纱帘一道一道地把肚子捆了起来。

司机闻声也跑了上来，他哪见过这般场景，拔腿就往回跑，边跑边喊：“哎呀！杀人了，钱俺不要了！”

“回来！你他妈的还算得上个男人！赶快帮老娘将俺这镇长送到县医院去，不然俺就告你个见死不救！”胖大嫂怒吼着。双手一使劲，就把王九斤从地下背到了身上。

司机被这女人的叫骂弄得清醒过来，他这时哪敢走了，连忙回过身来，帮助胖大嫂将王九斤背到了汽车里。

汽车发动了，一刻钟的时间就冲到了县医院的急救室。

十六

王九斤是自杀，不能按因公死亡的待遇处理，县委常委会上有人提出。

白玉明忍住愤怒：“都到了这个时候了，还讲什么待遇。王九斤同志将自己家的酒厂都捐给了镇上！九斤镇长是因酒而自杀，这一点没错，可他为什么喝酒啊？卧牛河镇经济发展的事实有目共睹。

同志们，拍拍胸脯吧，不光要讲党性，还要讲点良心……”

堂堂的县委书记，可悲呀！没有保护好自己手下的干部，连死后的声誉也没有办法保持清洁。不是因公死亡，县委就不能在县宾馆开大规模的追悼会？一定要开！

“瘦猴”书记抢先了，他早在卧牛河水库的冰面上搭起了巨大的灵棚。全镇的三万人家，户户都在门口竖起了旗杆。这两天县城和临县的国旗脱销，一面都没有了，个体裁缝铺火了，国旗做不了，红旗也行，他们不知道卧牛河镇遇上了什么隆重的庆典活动，老百姓买这么多的旗帜做什么呢？

早晨，卧牛河镇万人空巷。镇外来参加追悼会的车辆堵塞了公路，从三道梁一直排到了大坝上。冰面上黑压压的人头攒动，静静地等待着。镇政府、镇中学挂上了国旗。家家户户的门口全都悬挂上了各种旗帜。10 点钟，“瘦猴”书记宣布，追悼会开始。镇酒厂的蒸汽锅炉上的汽笛突然拉响了，紧接着公路上的所有汽车也按响了喇叭。冰面上爆发出强烈的哭声，震得群山都在抖动。

老百姓明白了，这位外强中干的男子汉原来是个骡子，卧牛河镇没有了王九斤，这酒桌拉不开了，镇里的经济还怎么发展呀，他为老百姓舍了命呀！

县委书记白玉明忘记了致悼词，凄冷的风中他什么也看不见了，泪水封住了眼帘。王九斤的死，谁之过？白玉明悔青了肠子……

附：读《镇长九斤》

刘锡培

读了《镇长九斤》，让我联想起读过的《殉猎》和《信访局长》等作品，感到黎晶是有深厚的生活底蕴和责任感的作家。作品中处处表明他在用哲理细致地观察事物、分析现象，站得高、参得透。所以每部作品里故事情节、景物环境、人物活动都是娓娓道来，体现着客观平静不疾不厉的态度。也正是有这样的底蕴，才能在事件中准确精微地刻画人物。他笔下人物的形貌做派、言谈神色和心理活动无不符合其特定身份，并且具有浓厚的地域特色。作者通过普通人之间的关系，官场和百姓之间的关系呈现着政治生态，以积极的格调发掘着天道人伦，而没有丝毫的怨天尤人。他对自己笔下于白氏、于毛子、白二爷（《殉猎》），魏昌生、王艳（《信访局长》）爱得很深，他对故事环境景物拟人化境的描写也表明对自己曾经生活过的一方热土的深情，这些让人感到既温暖又清新。

这篇《镇长九斤》里，作者逆着人们的惯常思维，把酒作为这篇小说的主线。王九斤与以往他笔下的主人公们相比也很另类，不是什么光辉形象，但可亲可爱可敬；不是什么英雄人物，却是卧牛河三万百姓心目中的恩人。王九斤最大的本事是喝酒，主要工作在酒桌上，政绩也来自酒桌上。他把自己当成卧牛河的救世主，在酒桌上为卧牛河三万百姓造福，为了酒也是为了卧牛河，九斤舍弃了做男人的权利，成也酒，死也酒。看似很离奇，然而，在作者笔下又那么顺理成章。

小说开篇大概交代了卧牛河的金酒王是王九斤“饭可以不吃，酒却不能不喝”的命根子之后，就用悬念吊起读者的胃口，让人急不可耐地读下去。生动简洁的文笔，在倒叙中直来直去的事件交代让读者边读边认识了外粗里秀、憨厚善良、朴实率真、仗义豪爽又不时在憨厚中露出一点诡诈、在卧牛河吐口吐沫就是钉的镇长九斤。作者饱蘸感情的笔墨层层深入地刻画了在烧锅里长大，把烧锅捐给镇上，脾性像金酒王一样浓烈的九斤。字里行间洋溢着作者对九斤的感情也像金酒王一样的浓烈。

交际和生意场酒席饭局往往是衍生腐败的温床，作为当今的社会行为衡量标准，人们通常对这种酒文化的参与者投以怀疑的目光。中国人把酒当作人际交往和生意场上的润滑剂。酒喝多少常常被看作衡量双方投入感情多少和交情深浅的标志。小说里处于不同社会经济地位的角色，在染上浓厚功利色彩的劝酒文化里，做了淋漓尽致的表演。

《镇长九斤》构思巧妙，文字寓意深刻极富于哲理。开头描写卧牛河水，“水面静得没有一丝波纹，就像一面古老的铜镜，镶嵌在群山峻岭当中，它将世界万物照得一清二楚。当然，也照得出人来，更能照得出神”。预示着将有动心魄泣鬼神的事件发生。篇尾就是在水库这面铜镜中把民心映出来了，把王九斤升华了。作者对卧牛河水库冰面上的追悼会所倾注的浓重笔墨让人难忘。“卧牛河冰面上巨大的灵棚、家家户户都在门前竖起了旗杆……”“早晨，卧牛河万人空巷。镇外来参加追悼会的车辆堵塞了公路，从三道梁一直排到大坝上，冰面上黑压压的人头攒动，静静地等待着……”为九斤致哀而拉响的酒厂锅炉汽笛声、所有汽车的喇叭声、冰面上爆发的震得群山抖动的哭声……是作者给王九斤悲壮而崇高的英雄礼赞。

王九斤的行为模式不值得赞扬，可作者在表达什么呢？给读者留下了思索回味的空间。答案是，作者在发掘着王九斤们真善美的本性。人民、社会需要这样的人性，崇敬这样的人性。尽管九斤死得不光荣，但百姓自发给予的高规格的致哀方式不就是明证吗？

小说结尾作者又给读者出了一道题："卧牛河镇没有了王九斤，这酒桌拉不开了，镇里的经济还怎么发展呀，他为老百姓舍了命呀！""县委书记白玉明忘记了致悼词，凄冷的风中他什么也看不见了，泪水封住了眼帘。王九斤的死谁之过？"

2007年5月北京

附：对表象生活的理解

阎晶明

黎晶是一位有从政经历的小说家，不断地在小说里表达自己对“政治人物”的理解，是自然不过的。中篇小说《镇长九斤》直接面对一个最基层的权力者，通过对这样一个人物的描写，表达作家对人性与身份的理解，有如一则鲜活的故事，有一点传奇，有一点荒诞，但作家想要表达的，是那传奇和荒诞背后的温暖。

在我的印象中，小说家笔下的镇长、村长，通常都不承担什么积极的意义。许多小说里，村长、镇长都是些麻木的、粗野的，甚至是妨碍百姓正常生活的角色。黎晶笔下的王九斤，也有粗野处，但其中最大的矛盾，不是他和普通村民之间的冲突，而是他的个人品性与社会行为之间的相反性，这种相反性不是一种性格分离，而是一种品性与行为的不规则。作家所要做的，正是对这种不规则的阐释，因为小说家都在努力描写表象之下的人性真义。作为对一种现实生活的阐释，黎晶的题材选择不无胆大与冒险。

王九斤显然不是什么惊天动地的人物，黎晶用他的一个工作、生活的侧面，折射出他最大的能耐是喝酒，他最后的结局也是死于喝酒。可矛盾之处在于，酒是王九斤最大的事业，“金酒王”，是他造福卧牛河镇老百姓的最大法宝。这是百姓们过去无法理解的。小说的独特在于，为了酒，王九斤甚至不惜丧失做男人的权利为镇经济的发展而牺牲。当作家为人物确立了这样一种独特的性格逻辑后，王九斤所有的行为就带上了奇异的光泽。小说另一点用心在于，王九斤所有的行为都是通过县委书记白玉明的眼睛来呈现的。小说还引入了另一条线索，即王九斤宽厚地对待曾经想搞倒他的人，暗示出他性格中的善良。同时，又用一种躲债的方式展示了他做官的正直、为民解难的热忱。

黎晶显然是一个专心于现实的作家，王九斤身上并没有太过复杂的东西，王九斤身上的所有的特点，特别是他怪诞的“献身”方式，可以说是作家事先设定了的，这可能是他对“政治生活”的一种体悟的形象表达，直接地、清澈地告诉人们，生活中，包括那些表象生活中，还包含着一些很容易被忽略、误解了也实在不为过的内涵。是的，王九斤这个人物所拥有的一切，都是表象的，他的喝酒谈不上豪情，他的情色与爱情无关，但作家竭力想告诉读者的是，这样的人物生不伟大，死不光荣，但仍有一些微弱光泽值得说出来，也值得让人记取。其实，对这样一个卑微的人物，即使到最后他死了，从不能算“因公死亡”到最后万人空巷送行，在读者看来，都不至于触目惊心，感天动地。整篇小说营造的氛围的悲壮，烘托出的却是共和国最基层乡镇长的表象和内质，让百姓走近了他。

对一种表象生活、对一类浮浅人物作并不刻意追求深度的理解，从中表达一种基本的善意，这样的写作，是独特的。黎晶更擅长营造小说故事的戏剧性，意义这个词似乎并没有专门地修饰，主题有没有力量，作者的用心能否实现，全要看读者对故事本身的认知程度。这一点更具有哲学的味道了。

《镇长九斤》是一篇耐人寻味的小说，在超越其故事性的背后，给读者留下了一个各自品尝的空间。

男儿河

《男儿河》是一篇兼具现实性和理想主义色彩的小说，它写的是官场中不同人格之间的较量，也非常具体地展示了一个县城日常的政治文化气氛。但是在这种对于现实政治以及官场人性的揭示背后，却是叙述者非常鲜明的理想主义姿态。这种姿态是对于现实中赤子情怀、真挚品格的呼唤，也是作者心中审美理想的文学再现。

一

哲学博士蒋公理坐在省委大楼宽大的玻璃窗前，双手托住下巴，眼睛盯住楼外大街上川流不息的各色汽车，嘴角闭了又闭，嘴巴合了又合，怎么也控制不住内心的喜悦，还是笑出了声。这突如其来的消息，让他一点准备也没有，他做梦也不会想到，自己这个认死理、钻牛角尖、一根筋的倔驴，居然也能当上个县级领导，虽说女为县是全省最穷的山区县，派到那里任县委副书记也算得上是祖上积德，伯乐慧眼。老爹一辈子的清廉做人、为人师表的学究风范，祖宗三代的修行，坟地里才长出这棵挺拔葱绿的蒿子来。俺蒋公理无愧是这棵多才多艺的好苗子，他心中得意，憧憬着自己的未来。

听说这女为县有一条流经全县的河流叫男儿河，女为县、男儿河，很浪漫，这里一定有很多奇异的传说吧。

蒋公理大学毕业后，没有听从老爹的意愿，坚决不干教书匠，三代教育世家到他这辈算是打住了头。蒋公理的学习成绩在全研究生院里拔尖，毕业论文选题、论点独特，被省委政策研究室挑中，进了省委机关，圆了他一直想从政的理想。一晃几年，省委大院便无人不知、无人不晓，博士是个出了名的杠头。

有人说他狂妄自大，有人说他才华横溢，有人说他个性张扬，还有人说他是块好钢，只可惜棱角太利，永远看不见自己的后脑勺。

蒋公理听罢一笑，照样的我行我素。什么叫过于显露，露出来的就要技压群芳。你倒是不露，扒去你的裤子，只看见白花花的两块屁蛋儿。要不如此，遮丑布一盖，别人还认为他的屁股是一个整块的，难道这就是中国人的哲学？恨人有笑人无。

蒋公理时时感到父亲为自己起了一个好名，他自豪！公理，真理的化身，天降大任于斯人。自己命该担当起这公理的公正。

省委组织部青干处长找蒋公理谈话，省委书记在《理论与实践》杂志上看到了蒋公理的大作：《党的领导权力的分配关系——三论民主集中制》，御笔亲点他到女为县任职。省委书记委托青干处处长临行赠言：一、人不能没有棱角，否则就不是你蒋公理，但棱角是橡皮的，该软软，该硬硬，要把握尺度；二、做事要讲究策略，形式要为内容服务，该屈屈该伸伸；三、多向工农干部们学习，理论与实践有距离，有时正确的理论不一定就能指导实践，要学会引导。

青干处长将省委书记的话引申了，他解释道，形式要为内容服务，这是个哲学问题，道理你蒋公理当然清楚，但不一定就能在实践中灵活运用。他引经据典，搬出了老幼皆知的“韩信胯下之辱”，不就是从裤裆下爬过去吗？耻过就荣，成了统领三军的大元帅。

蒋公理认真起来，省委书记的临行嘱托被忘在了脑后。他冲着青干处长抡圆了进行反击：“什么形式是为内容服务的，韩信的胯下之辱，在我蒋公理这，不！应该说在我们共产党人的队伍当中，决不允许存在。我们的革命先辈，在渣滓洞就可以写自首书？这就是一个共产党员的自白？受一时之辱，出狱后仍旧可以干革命工作，反正目的达到了。红岩中的江姐，许云峰眼看着红旗就要插满山城，只要他的双腿一软，卖主求荣，解放了仍然可以做更大的官，去建设新中国？”

蒋公理满嘴吐星，青干处长目瞪口呆，任职谈话就这样结束了。青干处长隔着窗户看着蒋公理挺拔的背影，深深地叹了一口气，说了一句话：“书呆子，简直不可救药。”然后，全身陷在了深深的沙发里。

蒋公理走马上任的当晚，夫妻俩谁也睡不着，丈夫仍旧沉浸在喜悦之中，盘算着将自己的才华如何在那么广阔的天地中释放。而妻子却是放不下夫君的牛脾气，唠唠叨叨地嘱咐了一夜，什么万事不由东，累死也无功；什么官大的表准……讲了一大堆道理。蒋公理不解，他问媳妇：“为什么官大的表就一定走得准呢？那要看表的质量，而不是看谁的官大！”媳妇轻轻敲打着老公宽大的额头说：“瞧你这德行，博士爷连这都不懂，还想在官场上混？臭！”

妻子把被子往上拽了拽，她告诉他，这表的事发生在朝鲜战场。上甘岭战役最后发起反攻，坚守在坑道里的团首长向营连长们下达作战命令，团长说，现在是晚上 8 点，明天早晨 8 点开始反攻，现在对表。

二营营长的父亲是位红色资本家，入朝时将心爱的瑞士名表“劳力士”送给了儿子。团长的表是苏联产的大三针，他的表整整比二营长的手表慢了 5 分钟，无论二营长怎么抗争，当然是团长的表准了，没有办法，全团都按照团长的表对了时间。

第二天早上战斗打响了，阵地上一片沸腾，该团的阵地上还是一片宁静。官大的表准？耽误了战机，又由谁来承担这个责任呢？

蒋公理恍然大悟，他低头看了看自己手腕上那块已经发黄的“劳力士”手表，那是岳父大人送给自己的结婚礼物，他就是那位二营营长。原来如此，到现在女婿才理解老泰山的真正用意。今天，让媳妇说破了。

女为县委常委会议室里，正中央摆放着一张用山榆木做的长方形的会议桌，漆皮脱落，没有光泽。桌子的裙边上还喷着红漆，隐约可以看到印有“女为县革命委员会”的字样。

蒋公理坐在桌角边，习惯地用手推了推架在鼻梁上的眼镜，伸出去的手什么也没有触到，这时他才想起，自己装上了隐形眼镜。他一身的农民打扮，脚下还穿了一双圆口布鞋，那是老丈人送给他的，让他少一些知识分子的形象。现在他一个人坐在会议室里，静候着县委书记的接见，心里觉得有些冷淡。虽然还没有见到那位农村车老板出身的县委书记，可他已从心里开始佩服女为县领导的文物意识。他又抬起头来，北墙上挂满了锦旗和镜框，这与大山外边的世界隔离得太遥远。蒋公理站了起来，他停在一块发黄的镜框下，那里面居然镶着的是上个世纪70年代的奖状，是奖给女为县“农业学大寨”的。他依次看下去，这是女为县的光荣史，它就像男儿河边上的界碑，记录了流域的政治沿革与历史变迁，说不清是厚重还是缥缈，幸福还是苦涩。

会议室门开了，一群人簇拥着一位身材魁梧的中年人走了进来。来人皮肤洁净，眉目慈善，宽宽的嘴唇老实忠厚，一件淡青色的半袖小褂稍稍瘦了些，那粗壮的胳膊和隆起的胸膛将衣服撑得紧紧的，似乎仍在向人们表示着他的出身和过去。

他就是女为县委书记秋旺，浑身里透着秋天充满的红火。蒋公理连忙迎了上去，他伸出细嫩的手尽力表现出谦虚和真诚。没有料到，却被秋书记伸过来的大手握得生疼，博士咧了一下嘴，还好，没有叫出声来。他下意识地看了看书记插在裤腰间上的左手，看一看手腕上的手表。

“劳力士”，金光灿灿满天星。

蒋公理连忙将自己的左手压在了右手下面，挡住了自己那块重未辉煌过的“劳力士”。

秋旺书记说话了：“好哇！省委给我们派来一个‘讲公理’的博士来，女为县热闹了，咱们县委可是咱们这30万小县百姓们讲公理的地方。你来了，要去和百姓们讲公理。听省委组织部的同志说，小蒋同志愿意抬个杠，那好哇，咱男儿河流域几百个村庄正需要像你这样具有雄辩才能的人才呀！但这杠头决不能抬到咱县委来，县委只有一个中心，要做到添柴别添乱。”

大家都笑了，一把软刀子捅得蒋公理心里不是个滋味，这头一枪，让他尝到了下马威的利害，这赶马车出身的书记不仅会使弄牲口，要弄个人也在这谈笑之间。“车、船、店、脚、衙，不杀也该押”，这句话一点不假。

蒋公理在大家的笑声中卡了壳、红了脸、没了电。他好胜、好斗的性格在这帮陌生的人群当中突然就失去了棱角。

蒋公理低下了头，将日记本掏了出来，样子还是要装的，还可掩饰一下刚才的狼狈相，他从骨子里开始看不起这个叫秋旺的书记，尤其是送给自己初来乍到的见面礼，是那样的烫手、刺心。蒋公理甚至开始讨厌自己的这位上司——外表朴实忠厚的“农民”。几天来，兴奋的愉悦也被这位顶头上司的奚落打扫得干干净净。

秋旺书记开始了他的接见训话，蒋公理一句也听不见了，日记本里大大小小、密密麻麻地写满了四个字：沉默是金。

二

四个月过去了，秋旺书记居然没有给蒋公理派活，县委班子也没有分工，只有县委办王主任转达了秋书记的旨意，让蒋公理了解县情，看来是把他当作来贫困县挂职锻炼的了。

蒋公理可是红头文件正式任命的女为县委副书记，省委组织部还特意指定他分管经济工作。也好，没有调查就没有发言权。他借此机会跑遍了女为县的山山水水。

年底了，全县经济工作分析会就要召开了，蒋公理第一次有了正差，让他在影剧院主持千人大会，秋旺书记做工作报告，报告的定稿要按程序经县委常委会讨论通过。

秋旺书记的报告由县委办公室的王主任通读了一遍。

这里和省委研究室完全不一样了。一个调研报告、文件出台，研究室主任一念完，处长们、科员们都争先恐后地发表自己的高见，一句话，甚至一个字的用法都会争得面红耳赤。等大家畅所欲言够了，再没有人蹦出来唱对台戏了，主任归纳整理了众人意见，完善了材料，每次呈报上去，省委都十分满意。

这女为县的民主集中制倒过来，秋旺书记第一个发言便定了调子。然后，县长、副书记、常委们依次顺着秋旺书记立起的竹杠往上爬，谁也不敢另起炉灶，大家都是一个声音一个调。

秋旺书记经常说，县委不许有杂音。

蒋公理几次想蹦出来谈一谈自己的想法，主要是想陈述一下理论上的和观念上的，他从不挑字眼，文字把关是县委办的事，可是张了几次嘴，都被对面坐着的县委办王主任看了出来，每当秋旺书记转脸的时候，王主任冲着蒋公理一个劲地摇头暗示。

蒋公理使劲掐了一下自己的大腿，看看日记本上写的“沉默是金”的四个大字，欲言又止。咳！不说话不见得就算赞成。

没想到秋旺书记却点了蒋公理的大名：“小蒋呀，你可是省委专门研究政策的，又是什么博士硕士的，你也喝了咱男儿河的水半年了，也算是男儿河的汉子了，全县的乡镇也都跑遍了，你说说，我这报告关于农民收入的升幅比率是否准确呀？”

蒋公理脑袋一热，心里有了激荡，秋书记终于给自己提供了一个发言的机会，一高兴嘴上一下子就少了个把门的，这话没有在嘴里煸炒一下，生着就溜了出来：“书记，你是让我讲真话呢？还是顺着大家唱的调子引吭高歌呢？”

蒋公理杠头的棱角冒了出来。

秋旺书记的脸一下子耷拉了下来，常委会议室里的空气立刻凝固了，所有的常委都将目光死死地盯住了秋旺书记和蒋公理副书记。

秋旺书记的脸色瞬间就恢复了正常，他笑容很深：“小蒋书记，发言就要讲真话，你的意思是我们大家都没有讲真话？咱女为县可不是我秋旺一言堂，你也听到了，大家发言多热烈嘛。”

蒋公理出手就无回头箭，这也是对女为县百姓负责嘛，索性就来个竹筒倒豆子。

蒋公理说：“既然书记这样的开明，恕我直言，我不认同秋旺书记报告里的农民人均收入的增长率。当然，这差错来自统计部门。这种统计方法应该说是不科学的，没有把绝大多数农民的生活水平反映出来，如果县委在这种极不客观的数字基础上决定我们的农村政策，农民是要吃亏的，利益就要受到损害，积极性就要受到挫折，农村的整个社会形势就会出现不稳定。”

蒋公理看了一眼对面的王主任，他的脸上已渗出汗珠，会议室里死一般的寂静，蒋公理来了情绪，喝了一口水，亮了亮嗓子。

蒋公理说："拿临河乡丰营村的情况为例，该村 400 户，1280 口人，其中 80% 的农民以种玉米为生，剩余的 20% 中，有 15% 的从事运输业和眼镜加工行业，再剩下的 5%，是那些五保户、呆傻户，全年几乎没有收入，应属于社会救济的范畴。按秋书记的计算，今年全县农民人均收入达到了 3200 元，如果丰营村减去 20%，那就是变成了 320 户，960 人，再乘上 3200 元，那就是 3072000 元，这是丰营村全年种地的农民总收入，而丰营村上报的数字也是 307 万元，也就是说还包括了刚才没有计算的 20%。"

蒋公理停顿了一下接着说："我做了统计，那 15% 的个体户是村子里的富裕群体，他们的年收入是 1536000 元，占去了全村农民总收入的 50% 以上。换句话说，以种玉米为生的 960 口农民的人均收入，只有 1600 元。丰营村在全县很具有代表性，那么县委年终的经济分析就出现了问题，农民收入的虚数水分就大了，农民要骂娘的。"

秋旺的脸红一阵、紫一阵，全县的实际情况他不是不清楚，多少年来就是这么个统计方法。当然，数字里过多的水分是不能往桌面上摆的。

蒋公理说："过去农村工作习惯于抓典型带中间，也叫作抓两头带动中间，即抓先进和落后的两头。现在我认为，农村工作应该掐头去尾，把工作的重点放在 80% 的中间，找出一条让他们致富的出路。至于富裕的那头，党给政策，任其发展，让他们先富起来，成为农村致富的典范。而贫穷那一头，应由民政部门扶植救济。农民人均收入的科学计算方法，就像中央电视台的青年歌手大奖赛，去掉一个最高分，去掉一个最低分。那么，剩下的 80% 的农民，才真正体现了我们女为县农民收入的实际，也为县委制定农村政策，引导农民致富找到了出发点。"

秋旺执政第一次遇到了挑战，心里没有准备，有点口吃。平日里的骄横和那些损人的歇后语也不知了去向。但他毕竟是女为县历史上第一个由本地人充当的县委书记，并经营了多年，这些坐满会议室的常委和工作人员，都是由他点头上来的。他在他们面前施威惯了，并不认为这就是霸道，大家的吹捧也被他看作是理所当然。只有眼前这位乳臭未干的蒋公理，竟敢在太岁头上动土。秋旺压住了火，看了蒋公理一眼，毕竟是省委派来的青年干部，还要给他一点尊重。

秋旺说："看来小蒋同志半年的农村没有白跑，男儿河的水也没有白喝，调查研究虽然还停留于皮毛，但还是有一点意思的，大伙看看咱大博士蒋副书记的发言怎样？"书记的语调露出了嘲讽。

蒋公理环顾着四周，他希望有人站出来支持自己的意见。

十分钟过去了，只有东墙上那块挂表在节奏分明地嗒嗒响着，所有的常委们都低着头，谁也不愿将目光和这一老一少的书记对视。

秋旺书记抬起左手腕，看了看他那块崭新的"劳力士"，然后掏出手绢，往表蒙子上呵了一口气边擦边说："刘县长，你是一县之长，主管经济工作，农民收入的增长问题直接涉及你的工作政绩，你怎么来看这个问题？"

老奸巨猾的秋旺书记将皮球踢给了刘县长。

刘县长和秋旺书记的老家是一个村的，都属牛，比秋书记整整小了一轮。他从省农校毕业后回到养育他的女为县，做到今天这个位置，是秋书记一步步提拔起来的。多少年来对秋书记、自己的恩人是言听计从，从来没红过脸、顶过嘴，别人都说，女为县的书记和县长是哥俩好，好得就像一个人。双牛拉车，从不顶牛。刘县长对媳妇说，这哪儿是哥俩好啊？弄错辈了，是儿子和老子的关系。

刘县长说话了："秋旺书记的报告写得很好，刚才我已经表了态。小蒋同志，噢，不，是蒋公理书记的发言也有一定的道理，我建议秋书记的报告能不能在今后的设想或改革展望里将这些意见表达进去？”

刘县长不愿意在蒋公理面前留下一个毫无主见的印象，这样传到省里对自己今后的发展不利，他权衡了一下利弊，这才第一次大胆提出了自己的一点想法。

秋旺书记没有找到台阶，他瞄了一眼县委办王主任，王主任心领神会，立即接过话茬：“刘县长的提议很好，只是明天就要开大会了，再动材料的结构，恐怕时间上来不及了。”

秋书记说：“我看材料就这样定了，正好明天的大会是蒋公理同志主持。”会议的最后，他扫了大家一眼，接着说：“小蒋同志将你的想法在大会上说一说就行了，散会吧。”

三

女为县三面环山，只有西北口敞开着，拥抱来自塞外的寒风，寒风擦着地皮，长驱直入在男儿河盆地里转了一个圈，男儿河就见了冰碴，两岸所有的村庄都息鼓收兵，没了生机。

县影剧院门前车水马龙，交警忙乱地指挥着车辆，虽然女为县是个穷县，但委办部局、乡镇近百十台各色的小汽车将影剧院广场挤得沟满壕平。

县委常委会昨天的会议内容，在散会半个小时之后，立刻传遍了全县的中层干部，大家都盼着今天的大会，都想听听省里干部讲话的水平，听听博士书记和秋旺书记不同的声音。

上午 8 点半开会，超出平常，8 点钟剧场就坐满了，大家盼着铃声的响起。

秋旺书记在前，县委、县政府、人大、政协四套班子的领导随后，慢条斯理地走上主席台，台下稀拉零落地响起了掌声。

县委副书记蒋公理主持了大会。这是他有生以来第一次主持这近千人的大会，心里未免有些紧张，他扭头看了看坐在正中央的秋旺书记，秋书记一脸的端正，嘴角上翘，稍稍露出那么一点笑意，眼神从台下一排开始不停地往后搜索，偶尔还冲着台下面的人轻轻地点着头。

蒋公理早就听人说过，当领导的为什么总愿意开会？即便现在科技发达了，有了电视电话会议，基层各单位不用老早地就从山里往县城赶，打开电视，往日半天的会，个把小时就能解决问题。基层的干部都拍手称赞，省里给了这套好的设备，这是最好的扶贫，不然乡镇的一把手，光开会就占去了一年三分之二的时间。可是好景不长，秋旺书记放着这好端端的高科技不用，照旧召集大家到县里来开会。

秋旺书记说了，体现领导风范，展现领导权威，满足领导心理都在这开会上面，上千双眼睛盯住你，不时地为你慷慨激昂的讲话给那么一片掌声，就算是礼节性的、应付性的、机械性的，这当领导的就和那些影视圈里的大腕、名角一样，只有在台上才能得到精神上的满足，才能尝到当官的滋味！

秋旺书记还说，这不光是表面上的那么一点风光，如果不是面对面的开会，上下级的情感怎么去培养？不开会就不亲近了，时间长了，就有了陌生感。那高科技是冷血动物嘛！

秋旺书记将会场从前到后溜了一遍，然后示意蒋公理可以开会。

蒋公理不敢脱开王主任事先写好的主持词，他照本宣科地念道：今天大会的主要议题是“女为县年度经济工作分析会”，会议程序，一是刘县长代表县委、县政府对全县经济工作进行分析总结；二是由农委、二道河子乡、城关镇代表发言；三是请县委秋旺书记作重要讲话。

蒋公理的话音一落，全场就响起了掌声，虽然这是礼节性的，但也是对他第一次大会上露脸给予的尊重或者说欢迎。蒋公理受宠若惊，连忙站起身来弯腰表示回敬。

秋旺书记见景咳嗽了一声，扩音器传出来的声音显得很严肃，掌声立刻就停了下来。

刘县长开始做报告了，只有十分钟的安静，台下开始了交头接耳。蒋公理怕秋书记怪罪就想制止一下台下的小会，王主任是县委常委，就坐在他的下首，王主任连忙把麦克风头扭到了一边，用嘴努了努主席台的正中央，只见秋旺书记已经闭上眼睛养神了。

蒋公理再看一眼刘县长，他念稿的速度显然加快了，好像小学生在朗诵课文，在完成老师布置的任务。他习惯了台下的嗡嗡作响，县长是配角。当然，如果是开政府办公会的时候，政府组成部门的各局委的头头们也是恭敬有余，谁敢在下面开小会？那是县长的天地。

刘县长和三个基层单位的发言就这么稀里糊涂地过去了，蒋公理的脑海中一片空白，什么也没有听见。

“下面，让我们用热烈的掌声，欢迎中共女为县县委书记秋旺同志做重要讲话。”蒋公理按照主持词上的文字宣读了最后一道会序。

会场立刻安静了下来，几秒钟后响起了掌声，很齐的掌声，好像会前彩排过一样。只见秋旺书记举手向下面挥动了一下，掌声戛然止住。

台上台下所有听会的人都掏出了笔记本，拧开了笔帽，目光聚焦在秋旺书记的脸上。

秋旺书记的讲话铿锵有力，抑扬顿挫。每当会议的情绪开始散漫时，秋书记都会很有分寸地掌握着全场的节奏，将会场的气氛推向高潮，与会的全县中层干部都已熟悉了这套程序，每一个段落的结束，秋书记都会把最后一句拉长，提高八度，然后等待着会场上的掌声响起。

蒋公理好奇地寻找这里面的规律，秋旺书记做熟了这一套，在他眼里却是十分新鲜，“山高皇帝远”，这小小的女为县在政治体制上建筑了森严壁垒。他开始盘算着自己如何将昨天的发言在大会中讲出去，分寸的把握至关重要，既不能得罪了秋旺书记，也要让台下的科级干部们理解自己的建议是正确的，对蒋公理的第一次发言给予良好的评价。

秋旺书记滔滔不绝，丝毫没有收尾的意思，他的那块“劳力士”放在讲稿的前面，不时地看上一眼。

还差 15 分钟 12 点，秋旺书记的报告终于结束了。蒋公理在脑海中迅速地组织材料，如何在 15 分钟内将自己的想法简洁、准确、顺畅地表达。

秋旺书记将讲稿放在了一旁。又开始部署全县如何贯彻县委经济分析会的精神，他提出五条贯彻意见，这正是主持人蒋公理所要讲的，什么意思？蒋公理丈二的和尚摸不着头脑。

秋旺书记又用去了 10 分钟，他最后说：“昨天县委在讨论报告的时候，蒋公理同志提出了很好的建议，下面，就请蒋书记将他的想法向同志们汇报一下吧。”

秋旺书记亲自站了起来，还将自己和刘县长跟前的麦克风都拿到了蒋公理的眼前。县电视台的摄像机推了起来，对准了蒋书记。

蒋公理这时候什么都明白了，他看了看自己的“劳力士”，还有 3 分钟 12 点了，让我讲什么呢？台上台下所有的人都已饥肠辘辘，恨不得马上散会，好去吃影剧院隔壁县宾馆的那顿大餐，这不是成心出我的洋相，让我下不了台吗！秋书记好阴险！

蒋公理从心里狠狠地骂了一句：这个政治流氓！

全场却出奇地安静，好像大会才刚刚开始，没有一丝的动乱，所有的人都睁大了眼睛，盼着这台压轴的大戏。

蒋公理有了主意，他举起了自己的左手，将手表面向台下，然后他用右手敲打着那块“劳力士”的表蒙，说出了一句谁也没有想到的话：“对不起，散会！”

剧场里“轰”的一声，响起了一片笑声，紧接着掌声响成了一片。

四

蒋公理愤愤不平，他第一次尝到了什么叫政治上的压抑，被人欺负还得笑脸相迎，这和自己在文章中阐述的“权力分配”理论八竿子也够不着边际。

蒋公理走出影剧院，苦笑着和众人打着招呼，他就像偷睡了别人的媳妇，觉得人们都在他背后指点着什么。也有一两个胆大的干部挤了过来，冲着他竖起了大拇指，说了一句“高”！他更无心去吃那顿大餐了，可司机早就溜到了县宾馆和他们那帮车老板们喝酒划拳了。无奈，蒋公理只好打的回到了县委食堂。

县委食堂已过了饭点，留下一桌子的残羹剩饭，蒋公理本来就没了食欲，没等做饭的师傅出来，扭头回到了自己的办公室。

小灶的张师傅见景，以为蒋书记病了，他连忙做了一大碗西红柿黄瓜片挂面汤，还卧了两个鸡蛋，多放了些姜丝，热气腾腾地给蒋公理端到了里屋的床头。蒋公理连忙从床上爬起来，心里一股的火热，浑身的寒气顿消，他望着张师傅连说了几个谢谢！

蒋公理望着碗中的红绿黄白，这才发现肚子在提抗议了，他一口气将热汤面吃得干干净净。好香的一顿午饭！肚子饱了，额头上也渗出了汗珠，心里平和了许多，他冲着在一旁观看的张师傅说：“普通人好哇！早起晚归，辛勤劳作，出一身臭汗，洗个热水澡，吃得饱睡得香，无忧无虑，逍遥自在。”

张师傅笑了：“书记可真会拿我们老百姓开玩笑，当官的多好哇，有权有势，前呼后拥，老百姓都愿意巴结你们，因为当官的掌握着我们的生死与富贵，我看你祖上一定是积了大德，要不然让你这么年轻就当上了县太爷，多有福气呀！”

蒋公理一个劲地摇头，叹了口气说：“苦呀，当官也苦呀，这里的苦衷老百姓是无法知道的。老张呀，你我其实都是一样的人，做人就应该坦坦荡荡，办事认认真真，人的一生虽各有不同，到头来的辛酸苦辣全靠自己去平衡。要知道找乐找趣，不要妄自添烦。”

张师傅有点莫名其妙，似懂非懂地“嗯”了一声，收拾碗筷下楼去了。

汗落了，身上有点发冷，蒋公理伸手摸了暖气，没有多少热度。他感觉到了浑身上下的肌肉有些酸疼，便重新躺下，用被蒙住了头，昏昏睡去。

“当，当当！”轻轻的敲门声把蒋公理从睡梦中叫醒，睁眼一看，窗外的路灯都亮了，稀里糊涂地睡了一下午。蒋公理连忙爬起，顾不上叠被，趿拉上那双在办公室才穿的圆口布鞋，跑到外屋将门打开。

楼道里的灯光雪亮，来人低着头，裹着一件棉军大衣，双手捂在鼓鼓囊囊的胸前，这人一声没吭，回头看了一眼，就顺着门缝挤了进来。蒋公理拉亮了灯，并将门迅速关上，他理解这人的来意和用心，恐怕别人看见。

“蒋书记，请不要见笑，我也是迫不得已。我叫刘通，县广播电视局的，县委办文书王娜娜是我爱人。”

蒋公理认出来了，县广电局的刘局长，忙说：“快请坐。”

刘通将大衣里的饭盒放在写字台上，随后脱掉大衣丢在沙发里，他悄悄地说：“今天上午的会，很多的中层干部有想法，这对你来说太不公正了。下午王娜娜听食堂张师傅说你病了，家属又不在跟前，没人照顾。下班后，俺俩连忙给你包了点韭菜鸡蛋馅的饺子，趁热吃了吧！”

蒋公理知道，女为县的中层干部对他都很好，记得有一次陪着秋旺书记到深山区的小川乡检查工作，汽车从县城跑了近两个小时才到了乡政府，书记、乡长都在院门口迎接。

秋旺书记的车门打开后，书记、乡长分布在他的左右手，热情有余地将秋书记迎了进去，他们好像根本没有看见大书记身后的县委副书记蒋公理。

蒋公理也习惯了，并不挑理。他想找厕所小便，书记、乡长这回倒十分热情，争先引导。乡长对着乡里的书记说：“秋书记来了，你这小书记得陪好大书记，我带蒋书记去茅房。”

出了会议室转到房后，乡长见四处没人，他连忙说：“蒋书记请不要怪罪我们，不是我们有意冷待您，是我们不敢和你亲近，那样我们就有穿不完的小鞋。但请放心，我和书记，还有十几个乡镇的哥们，都佩服你的人品和才干，希望有一天你来主政，打破女为县这铁铸的天空。”

蒋公理打开饭盒，饺子还冒着热气，蒸腾着男儿河两岸泥土的芳香，这芳香催人泪下。

刘局长向蒋公理汇报了一下广电局当前的工作，其中有一项让蒋公理十分感兴趣。县委宣传部主办、广电局承办，在全县范围内号召人民参与设计电视台的台标，据说是秋旺书记的旨意。

刘局长知道蒋书记会画画，文化底蕴深厚，又从大城市里来，从观念、理念都远远高出这封闭的山区小县。“今天来也是为了这样一个请求，请蒋书记在百忙中，抽空参加这一活动，也为广电局设计一个台标，当然署名可以另起一个。”

蒋公理愉快地答应了，那就叫个“魏庶民”吧。

刘通走了，小屋里顿显有些清冷，蒋公理倒觉得浑身热乎乎的，肚子还有些撑胀，心情也愉快了许多，吃饱了也睡足了，这么好吃的饺子不能压了炕头，出去走走。

出了县委大门踏坡而下就是男儿河，河边没有路灯，满目漆黑，只有狭长弯曲明亮的河水，将女为县城一剪两半，两岸自然的河坡又把南北两城的万家灯火切割得泾渭分明。

河风已有些刺脸，河面上布满了薄冰，水流像铅液缓慢得就要凝固了。蒋公理深一脚浅一脚走向男儿河的上游，那里有一座三孔拱形的大桥，它又将南北两岸连成一体，桥上稀落的桥灯，把微微弱弱的灯火投放到将要封冻的河面，溶解成一圈圈的淡蓝色的光环渐渐散去。

蒋公理站在男儿河大桥上，三面黑黝黝的大山，一条亮晶晶的小河，满天闪闪烁烁的星月。生态，对了，这生态就是女为县脱贫致富的资源，他突然有了灵感、冲动和兴奋。从治理男儿河入手，将自然河坡改直，延伸到城市的肌肤，让他有杭州西湖一般的人在水中走的意境。三孔桥不就是苏堤吗？将下游筑起一道胶皮大坝，把水逼到沿湖路的水平面。桥东可谓男儿东湖，桥西可谓男儿西湖，届时女为县城就是北国的江南，发展旅游、休闲、度假及农家小院的生活体验，妙啊！这叫作女为县与男儿河的最佳搭配，阴阳平衡。女为县就有出路了，那种“男儿河水向西流，好事不到头”的不吉传说将彻底打破。

蒋公理忘记了自己的存在，他冲着男儿河大喊了起来：“蒋公理来了！”

蒋公理小跑回到了县委，招呼值班秘书小王，拿上皮尺，手电和日记本，连夜勘查，直到男儿河上游拱出来半轮红日。

五

蒋公理又恢复了自我，开始行使自己县委副书记主管经济工作的权利了，他主动出击，组建了由建委、市政管委、水利局、土地局、城关镇、招商局等有关部门组成的开发男儿河水域指挥部，他将自己计算的数据、勾画的草图、开发运作的市场机制兴致勃勃地给大家讲解。建委会议室里各部门领导热烈地讨论蒋书记的建议，激烈争论着不同的观点，一幅女为县打造环境品牌的经济发展画卷逐渐地清晰起来。

县委办公室的电话追到了建委，通知蒋公理现在立即返回，参加由秋旺书记召集的书记办公会，什么内容？不清楚，说是紧急会议，临时决定的。秋旺书记说，尤其是蒋公理必须到会，不许请假。

蒋公理气喘吁吁一路小跑地赶回县委办公楼，他没顾得上将棉大衣放回自己的办公室里，就直奔三楼东头的常委会室。

秋旺书记、刘县长、主管组织工作的副书记、主管宣传工作的副书记，再加上常委宣传部长、常委办公室主任早已到齐，他们正在天南地北地聊着大天。蒋公理连忙坐下，抬头一看，广电局的刘通局长正坐在自己的对面，不用说，书记办公会的内容肯定涉及宣传口内广电局的事宜，会有什么紧急？他心里绷得很紧的弦也就松了下来。

秋书记说："今天临时加了一个书记办公会，事先没有通知大家，其实也没有什么紧急的大事，宣传部汇报一下前一时期发动的'百姓为自己设计'女为县电视台台标的活动情况，请各位书记做一次检阅。"

宣传部长是位女同志，有着大山里特有的赤红的脸膛，她一说话，笑容就堆积在五官之间了，先形成个团，然后又渐渐舒展开来。她欠着身说："事情都是广电局做的，刘通局长做了大量的工作，广泛发动了群众，参加的层面很广，有工人、农民、教师和学生、一般干部和领导干部，就连当地驻军也投来了几十封稿件。详细情况我也说不清楚，刘通，你向书记们汇报一下吧。"

蒋公理放下关系女为县发展经济的大事，急匆匆赶回来就是为了这个台标？心里的火气不打一处冒，脸色也变得难看起来。我去建委你秋书记是知道的，为什么又偏偏选择了这样一个时间，来开什么紧急会议，不就是想搅我的局吗？难道他不想让女为县的经济有突破性的进展？还是单单因为这么个战略构想是我蒋公理的主意而故设障碍呢？

刘通说话了："这次台标设计群众相当踊跃，全县共收到设计方案 183 份，我们邀请了县里的文人墨客，工商、广电的专家，还特请了县一中的美术教员，以及咱县有名的油画家王风山，他是上世纪 50 年代的中央美院的毕业生。经过大家几番筛选，最后选出 15 张图案报请书记会，请各位领导定夺。"

刘通从文件袋里掏出图案，宣传部长用干毛巾将老榆木的会议桌又擦了一遍，刘通才将 15 张图标依次排成一行，供书记们挑选。

秋旺书记首先站了起来，巡视了一遍："这张好！"他脸上溢出了兴奋，他将他选中的那张台标捧在手里回到了自己的座位，仔细地品位起来，就好像是他的作品。

刘县长这次一反常态，他并没有随波助澜去赞同秋书记挑选的那张，而是在剩下的15张中也挑选了一张。

两位主管组织和宣传的副书记见景也毫不犹豫，在剩下的13张中各自挑选了一张自己觉得满意的作品。

蒋公理心里有点纳闷，他们为什么这次这样胆大？没有去抱秋旺书记的大腿，而按自己的主见各选了一张自认为最佳的作品呢？

蒋公理看见每张图标上并没有设计者的姓名，全部用数字为代号。秋旺书记拿的那张图标肯定也不是他自己设计的，设计人是否和他有关系？单凭这张图标是无法知道的，再则，一个图标属于审美观点上的差异，不是什么政治问题，因此，刘县长他们才没有盲目地随从。

秋旺很高兴，也很得意，他将他那张图标高高地举过了头，让在座的其他书记们看。他说："我认为这张是最好的！最能代表我们的女为县！设计人很有想象力，这个敞开口的圆圈，我理解就是咱女为县的三面环山，与口齐平的蓝色直线就是咱们的男儿河，直线上端的红色方块象征着我们古老的县城、老区、红色根据地。而方块上面，伸出圆圈外的两根天线，多形象，就是一台电视机嘛！一根线标志着有线广播，一根线标志着有线电视，你们看，怎么样？"

刘县长笑着说："秋书记这张确实不错，可我觉得俺选的这张也不错，虽然我不能像秋书记那样从政治、艺术的角度分析得头头是道，但我总觉得我这张好！"

书记会第一次出现了棋逢对手的局面，那两位副书记也不示弱，都认为自己的好，这种好又没有具体标准，秋旺书记又不好将自己的喜好在这个小小的图标问题上强加于人。大家各执己见，谁来判断呢？

还有一位副书记没有挑选，那就是说，蒋公理如果不再从桌子上挑出任何一张，而是在这四位当中支持了一位，结果就清楚了。

县委办王主任一个劲地给蒋公理使眼色，意思很明白，让他站出来支持秋旺书记。秋旺书记在这关键时候发了话："对了，小蒋同志还没有选择呢？听说你也是搞美术的出身，又是大学生，你看看，我们四位当中，谁的最好？"

蒋公理当然还不至于糊涂到不知眉眼高低，这时候支持一把秋书记，虽说是违心点，但对自己今后的发展，尤其是对男儿河水域的开发上，应该会顺利一些。可他认为，事实上，秋书记手里拿的那一幅，是 15 张中最差的，自己又怎能不讲公理呢！

蒋公理的个性并没有让他觉得这事怎么为难，实事求是的作风不完全是靠党性的锻炼所决定的。那是做人的最基本的条件，是人格。他从小在骨子里就培养形成了，更何况自己设计的那张图标，还静静地趴在剩余的 11 张里。自己连自己设计的都不能去选，而去奉迎秋书记的那张，这不是我蒋公理！对面的刘通又会怎么看我这位"魏庶民"呢？

他站了起来，将自己那张图标捡了起来，他对着秋书记说："对不起了，秋书记，我选择的是这张图标。刚才是谦让，让几位书记先挑。"

会议哑了，没有了声音，五位书记捧着 5 张图标发呆，谁也不说话。僵局还是秋书记打破的，他冲着女部长发了火："这是怎么搞的，你这不是成心给我们书记们出难题吗？你们事先应该将入选的图标送到省里的权威部门给鉴定一下，给书记会一个参考，工作效率不就提高了嘛。"

女部长脸更红了，她说："秋书记，我们已经征求了省里有关部门的意见，怕说出来影响书记们的情趣，留下个先入为主的印象，那时会更为难了你们。反正专家的意见只是个参考嘛，最后定夺还要看书记们的意见。”

秋书记说：“我们手里谁拿的是专家看好的图标？”

女部长支支吾吾不愿意说出口。刘通局长却显得十分爽快：“秋书记，蒋公理副书记手里拿的那张是专家评定的第一号图标。”刘通的话音一落，秋书记和刘县长及两位副书记手中的图标不约而同地掉到那张老榆木桌子上，大家相互看了看，脸上没了表情。

“那张是谁设计的？”秋书记问道。

女部长连忙打开了图标记载簿，对了一下蒋公理副书记手中的那张图：078号，簿上记载的署名是魏庶民，工作单位是县委机关。

县委办王主任说话了：“这机关百十号人，我都能数上名字，哪儿又冒出来了个魏庶民呢？新调来的？问一问组织部。”

不用问了，蒋公理再也忍不住了，他将自己的那张图标放在桌子上随口说道：“不就是一张设计图标吗，好坏都是次要的，要的是全民参与的意识，我理解秋书记倡导的这活动的意义，本质上是要唤起全县人民对女为县发展的关心，这张图标是我蒋公理设计的，当时怕影响评委们公正的评判，这才署了假名。”

蒋公理抢先说出了图标的真相，怕的是刘通承担不起欺君的罪名。

秋旺刚才还未恼怒，现在听罢蒋公理的解释后，脸色立刻变得铁青，越发的难看。王主任冲着宣传部的女部长和刘通局长边使眼色边说道：“收起来，收起来吧。”

秋旺一摔门走了，这场轰轰烈烈的群众运动就这样无声无息了。

六

蒋公理在女为县委班子中被孤立起来，可他心里却越来越高兴，几乎每天日落的初夜，都会有人溜进他的办公室，向他诉说女为县发展延缓的原因，听他讲述女为县发展的蓝图美景。人们开始被蒋公理人格的魅力所吸引，政治上的魄力所震撼，经济工作决策的科学所信服，那种坚持真理、敢于抗争的原则性所折服。他的影响力和传奇色彩，就像男儿河水中抛下的一块巨石掀起的浪花，激起一层层的波纹，接连不断地向外扩延。

男儿河流域县城区段的总体规划有了眉目，省水利规划设计院通过了认证，最后的设计图纸也已接近尾声。目前最重要的是县里几个行政权威部门的最后通气和认证。在此基础上，报请政府办公室和县委常委会审定通过。可是近期的碰头会、务话会、认证研讨会的规格却越开越低，从主任、局长降到了副主任、副局长，出席昨天的会议不知是不是他们事先商量好了，几家来的却是办公室主任。

蒋公理决定去找县建委的郝主任，弄清这到底是怎么一回事。建委办公室回电话，郝主任去了东山疗养院，参加秋旺书记召开的一个什么会议，晚上就住在了山上。

汽车顺着男儿河的左岸，在群山环抱中滑行，沉寂了一冬的男儿河脱去了冰冷的铁甲，浑身里透着热气，清澈的河水欢笑着，冲击着拦路的巨石，发出哗哗的声响。山梁上成片的山桃花、山杏花争芳吐艳，忽地一片粉红，忽地一片银白，唤醒稍见绿色的东山。

蒋公理的白色桑塔纳冲上盘转的山岗，突然迎头开过来一台毫不减速的黑色奥迪轿车，车牌照 0001 号映入眼帘，骄横霸道地将蒋公理的汽车逼到了路崖，司机一脚刹车将桑塔纳定在了悬壁之上。

蒋公理跳下汽车，只见秋旺书记的黑色奥迪顺山而下，拐弯处留下一排闪亮的车灯。他猫腰拾起一块石头，举了几举都没掷出，然后又将石头放回了原处，嘴里狠狠地吐出了一口痰，随口狠狠地骂了一声：“王八蛋！”痰裹着骂声跌进了山谷。

疗养院的酒席已拉开了桌，县委办公室主任赶来接秋书记，差了十分钟没有接上。建委郝主任留不住秋书记的贴身太监，客套了两句将王主任送到了大厅。大厅的一角围了几位干部和服务人员，叽叽喳喳不知说着什么，这也许是王主任工作的习惯，任何信息他都不会放过，及时地添油加醋地汇报给秋旺书记，他扭身走了过去。

人们看见县委办主任驾到，连忙让出了一条路。只见人群中间放了一个长条大桌，桌上铺着毡子，一张四尺整宣上不知是谁歪歪扭扭地写了几个大字，墨迹未干，还散发着淡淡的香气。

王主任自封为女为县书法第一人，但自打看了蒋公理的书法作品之后，他就再没有抄笔，今天谁敢在这里班门弄斧？他走到跟前，仔细看了看没有落款，字却写得有些霸气，伸胳膊出腿，毫无规矩，再看着内容，嚯，敢和毛主席老人家一比：一定要根治男儿河！王主任的嘴角都要撇到天上了，嘴里带上了脏字："操，谁他妈的跟这瞎鸡巴划拉什么！"

郝主任在一边脸都吓白了，他连忙拽住王主任，轻轻地趴在耳边说，这是秋书记刚为我们会议题的词。

王主任吃了一惊，因为他知道秋书记从来不会写毛笔字，每次题词都是钢笔，怎么……忽然他想起来了，上次县总工会举办的女为县书法、绘画、摄影大赛优秀作品展，秋书记出席并剪彩，没想到前言后的第一幅书法作品竟是那个自命不凡的蒋公理的四个大字：静水流深。秋书记不懂，问县委王主任。王主任当着县里那么多书法绘画的爱好者，没敢说假话，评价是蒋公理的作品在女为县数上乘。

秋旺书记令王主任到县文化馆找了一位书法教师，开始练字了。

王主任拍了一下自己肥大的脑门，咳，我怎么把这茬给忘了，说完又重新返回去。他站在《一定要根治男儿河》的书法作品旁边，仔细端详，一个劲地点头并大声地说：“这是谁写的字？写得不错，真是不错。”

郝主任把蒋书记让到了单间，不一会儿水利、土地、规划、市政等主任局长都来作陪，蒋公理听着郝主任眉飞色舞地讲了刚才的笑话。

郝主任说：“蒋书记，说句真心话，你要是瞧得起我们几位，就一人给我们写一幅，我们一定将它珍挂在家里。”

郝主任脸色一沉接着又说：“今天，秋书记在这里召开的会议也是开发男儿河，布置的任务也是流域的县城区段，工作目的同出一辙。不同的是，他现在没有具体的设想、规划和方案，只是破了题，题了词，让我们在这个大题目下做方案。”

水利局长说：“县委办王主任前些日子多次来电话要求我们，凡涉及蒋书记召开的男儿河开发会议，派去个办公室主任出席应付一下就行了，一切都要按照秋书记定下的调子办。”

土地局长说：“蒋书记，实在对不起你，大家都知道你的方案最佳，已经到了可以报批实施的阶段，但这决策的权力却掌握在秋书记手里，我们眼睁睁地看着已经成熟的项目就这样搁置下来，着急呀！”

蒋公理全明白了，原来是秋书记在处处设卡，他是怕这富民强县的大功落在别人的头上。可悲呀！我蒋公理拼命地为此日夜操劳，想的不是如何给自己的政绩碑上添文加字，确实是为了咱女为县，为了女为县的百姓能找出一条致富的路子。罢了，这男儿河的开发不论是谁的功劳，谁的主张，只要有人去干，那就行了，结果还不都是一样的嘛！

蛋壳碎了，流出来的蛋清蛋黄一目了然，再没有秘密可言，心里反而踏实了。蒋公理小心翼翼地在女为县摸索了一年，甭说是棱角了，这腿刚一伸出，一迈步就遇到绊马绳。今后，这戏不知该怎样唱下去，好在有这么多的观戏人看得清楚明白。

蒋公理一连喝下了三杯男儿河大曲，借酒消愁？不，他是一个宁愿让尿憋死也决不会让话憋死的大丈夫！他说："大庭广众之下，无小解之处，又不能将羞物掏出，为了公礼而憋死，死得其所。满腹之言，为了求生求荣，委曲求全，咬烂了舌头往肚里咽，将真话永远埋藏在心底，在恶人胯下苟延残喘，何谓人乎？"

又是三杯男儿河大曲落肚，蒋公理站了起来，摇晃着说："同志们！我们都是共产党人，都姓共，有着一个共同的奋斗目标，但是在共产党的队伍中，不能不分性别，不分左手和右手，不能只有一张嘴巴，从上至下只会学话，而无创新，如果这样，这个队伍无论怎么样的庞大，其实就是一个人，谈何战斗力？我们一个小小的县城，一个家长而盖之，这就是民主上面的集中？"

郝主任连忙把蒋公理扶下："蒋书记，言多必失，隔墙有耳，我们今天不谈政治。其实我们这些人还怕什么呢？一个小小的科级干部已经到头了，本乡本土还能怎么着？但书记不一样，你还年轻，女为县的百姓把更多希望寄托于你的身上啊！"

"好！不喝了。"蒋公理吩咐司机将车后座上的男儿河开发示意图搬来。

这是一幅六尺的油画，是蒋公理和画家王风山二人合作的，他将东西湖正式命名为男儿东湖和西湖，他查了《中华字海》，全国只有咱们这一家，用在这里十分的典雅和简练。画面上男儿东湖、男儿西湖碧波荡漾，环湖之路蜿蜒，湖岸及上下游的男儿河两岸，白色六层住宅，会议中心，温泉度假村……好美的一座生态旅游城市展现在人们的面前。

小屋里挤满了人，有人提议将油画放到大厅。这时，大小餐厅的客人、开会的干部、吧台上的服务小姐，连后厨上忙的师傅也跑了出来，大家观赏着、议论着，向往着这座与自己利益息息相关的小城的未来。

掌声响起，蒋公理坐下，他将自己埋在大厅的沙发里，眼睛闭合，一股热泪顺着脸颊、脖颈流进了他滚烫的心窝。

七

大雨倾盆，短短的十分钟，天就下白了，公路下冒了烟。汽车的雨刷器已开到了最高档，快速摆动的橡胶刷子将风挡玻璃刮出一个扇面，无济于事，视线模糊，看不出去。刚才还艳阳高照，突然一阵风吹来，引出了雷鸣闪电，这多变的天气是男儿河盆地的小气候。眼看前面就到了丰营村，没有办法，连汽车都举步维艰了。蒋公理只好让车停靠在路边的玉米地旁。

平原的雨来得温柔，走得缓慢，只有中间停留之际有那么一阵疯狂，而山区的雨是来得急，走得快，刚才如泼的暴雨，只听一声响脆，雷声过去骤然停止。阳光立刻把彩虹挂在山峦。旷野中，到处都弥漫着庄稼洗澡后的清香。

丰营村村口的水已漫道，成了流，汽车无法通过。司机劝蒋公理改日再来。

“那哪成呀！答应了的事就要做到风雨无阻，尤其是应允下级的话一定要兑现，你就先回去吧，听我的电话！”蒋公理边说边跳下车，他脱掉那双下乡专用的军用黄胶鞋，拎在手上，然后挽起裤腿，回头接过司机递过的一根树棍，光脚趟水进村。

丰营村支委、村委会的“两委”干部，在村委会的两层小楼前列队欢迎。支部书记哈云豹是复员军人出身，他的“两委”班子是清一色的转业退伍军人，班子团结，很有凝聚力。

这帮讲义气的农民汉子被蒋书记的按时赴约感动了，虽然没有了军装在身，他们还是争先恐后地和这位书记博士行军礼，哈书记说，这军礼最崇高、也最纯净。

哈云豹扶着蒋书记坐在楼前的台阶上，他拽下搭在脖子上的毛巾擦干书记的脚板。

蒋公理不好意思："这怎么使得，自己来，自己来。"他连忙穿上那双黄胶鞋。

"嗬！书记也喜欢咱军产品，不管是你大博士，还是我们这伙小农民，看来我们还是有共同语言的。"哈云豹打着哈哈将书记让到了二楼会议室。

会议室里的长方形会议桌上铺着草绿色的军毯，时令蔬菜水果用果盘装摆得整齐划一，墙东山上挂了一排伟人像：马、恩、列、斯、毛。久违了，蒋公理在省城里从未见过，没想到，这偏僻的小山村里，还在记忆和供奉着共产主义的祖宗。

"蒋书记，昨天秋旺书记来我们村视察，今天你又亲临，真让我们有点受宠若惊，两位书记对我们丰营村是关爱有加，何愁丰营村不富呢！"哈云豹一出口就让蒋公理刮目相看。不要小看了农民，哈书记人虽然貌不出众，可这一张口，言谈和举止不凡啊。

哈云豹接着说："秋旺书记给我们介绍了蒋书记你的去两头抓中间理论，并说你是县委抓试点工作的主要负责人。我们非常高兴，我们丰营村有幸成为县委的试点单位，就请蒋书记放心，我们将全力以赴，配合好你的工作，为丰营村找出一条80%农民致富的路子来。"

蒋公理的心忽地一沉，这信息来得好快！他虽然脸上仍旧堆满了笑容，但有心之人仍然可以看出他的笑脸是那样的勉强。蒋公理觉得自己太嫩了，嫩得有些幼稚，有些呆傻。一个哲学博士竟然栽在还不知何谓哲学的县太爷手里，县太爷手里拿着一套“哲学”牌，那是仕途的“哲学”，官宦的“哲学”，权力的“哲学”。一套研究不透的“哲学”。那些明摆着的大道理在这些“哲学”面前就是讲不清楚，显得苍白无力，被打得落花流水。其实他心里并非不明白，无论为老百姓谋利，还是为女为县社会发展做贡献，这些再清楚不过的道理，都要围绕着一个“权”字在做文章，围绕着一个以“人”的核心去讲公理。否则，你再有天大的本事、责任和激情也都无济于事。

蒋公理想起了昨天他与秋旺书记的那番对话。

蒋公理很少光顾秋书记那套三开间的宽大办公室，足有两米长棕黑色的老板台总让人感觉到对方的居高临下，写字台的身后是四柜八扇门的书架，洁净的玻璃窗后面摆满了各类精装书籍。成套的古典名著还未启封，难怪读书人笑话当官人，他们的书不是自己用的，是摆给别人看的，是装饰“儒官”的必备品，读书人的书架是不装玻璃的，是散乱的，落脚之处总有相伴。

书橱的一角，一面鲜艳的国旗垂悬在光亮的不锈钢座上；书橱的另一角，一尊盘根错节的根雕上，一只双翼展开的山鹰标本俯视着，黄色的眼珠、黑色的眼球还在发亮，射出骇人的凶光。

办公室的北侧摆满了各类名贵花卉，里屋门侧两旁还挂了一幅名人书联，是用秋旺书记的名字为藏头，上联是“秋叶红男儿”，下联是“旺气绿青山”。

秋旺书记等蒋公理欣赏够了自己的办公室后，说了话：“我说小蒋同志，你可是稀客，无事不登三宝殿，博士移驾寒舍一定有什么大事。”

蒋公理看了看秋旺书记办公室的西墙还是空的，便说是给书记送画的，他转身打开秋书记办公室大门，从走廊里搬进那幅心爱的油画。

“这是男儿河水域治理的形象图，挂在你的西墙正好，这是一套男儿东湖西湖开发建设的规划图纸和数据。”蒋公理边说边将图纸放在秋书记的写字台上。

秋书记笑了：“小蒋同志这就对了，一个人的力量是单薄了一些，什么事情都不能离开了县委嘛！开发男儿河我们是英雄所见略同。前几天我在东山开了会，题了词，下了点毛毛雨，其实我在几年前就有了这些想法，现在好了，你在我这些想法之下又让它具体了一些，县委应该表扬你。”

秋书记喝了一口水说：“这件事我已同刘县长沟通了一下，材料留下，县委决定让主管宣传的副书记去抓开发。小蒋你呢，县委派你一个更为重要的工作，也是你愿意干的，那就是实践你那个 80% 的理论。丰营村作为县委的试点，也算作一个调研课题。当然，课题组的组长由我挂个虚名，具体你来操作。”

秋书记又喝了一口水说：“这幅油画嘛，虽然离现实遥远了一些，毕竟是展望，能给人民以鼓励和焕发斗志，那好，我让王主任找人钉在西墙上。”

蒋公理眼看着自己几个月来的心血转眼之间就被变成了秋书记的战略规划，心里一阵的酸楚。嗐！也罢，不论是谁割的草，喂肥的还是咱女为县这头羊，至于功劳记在谁头上那都不要紧，只要有人去干，让百姓们受益，知道我们的党和政府在为他们服务也就足够了。

蒋公理没有机会再说上几句话，就被秋旺书记冠冕堂皇地给打发了。

今天，和丰营村两委班子的会面，必然都在秋书记的巧妙安排之中。

既来之则安之，不让咱抓全县经济工作的宏观规划，就按你秋旺的安排，抓一抓微观，一定要把 80% 理论在丰营村这个点上搞起来，让 80% 的农民富裕起来，以点带面。我这蒋公理的心里就踏实了。

水不喝了，咱们去男儿河边看一看，勘察一下大田改菜田的水源。蒋公理从桌子上抄起了一个青里透红的鲜嫩的西红柿，边走边吃，去了丰营村河滩上的那座不遮风雨的扬水站。

哈云豹他们顺着河坡丈量着扬水站的扬程高度，计算着灌溉近千亩菜田日需的供水量，换算成水泵的动力和管径，蒋公理认真记在笔记本上。

蒋公理昨天给省城的妻子通了电话，让她发挥一下自己的专业特长，在省农学院的同事当中，帮助物色一两位教授，聘他们为女为县的农业发展顾问，帮助丰营村种植特色蔬菜。妻子满口答应，并嘱咐蒋公理把丰营村的气候资料、土壤品样、水质品样送到省农科院研究化验。届时，专家再亲赴丰营村实地考察，根据国内外市场需求信息，考虑到丰营村的种植习惯和农民的文化程度，再作决定。

丰营村的任务哈云豹表了决心，写了保证，秋后立刻动员全村劳力和机械平整土地、修路筑渠、建立农民互助协会，只待明春蔬菜基地全面启动。蒋公理又领着哈云豹去了信用社贷了款，购置了水泵，翻建了扬水站。丰营村似乎一下又回到了人民公社时期，全村的男女老幼都投入到农田基本建设上来。

男儿河又冒出了冰碴，河岸上丰营村的田野里却是红旗招展，人群涌动。

八

雪后爽晴，窗外还垂着爬山虎。枯藤上留在秋天的一枚红叶，午后的阳光洒在办公桌上。蒋公理看着桌面上省委党校的调训通知发呆，这本是一件令人振奋的好事，一个月没有回省城了，妻子女儿想他，他也想她们。一个半月的学习，即可圆了这思亲之梦，又可会会省里的同学朋友，更想把丰营村种植计划再和农学院落实一下。可是，蒋公理却高兴不起来，昨天省委研究室来电话说下星期省委书记要来女为县调研，顺便听听蒋公理两年的工作情况的汇报。在这关键时候，秋旺书记却将自己的名字报给了省委组织部干教处，参加“三讲”培训班，那是主管组织工作副书记的差，却美其名曰为了照顾一下我这位博士书记回省城团聚，明天开学。今晚上的火车，车票已由县委办王主任亲自送来，蒋公理哭笑不得。

门被突然推开了，谁这样的无礼，不讲规矩？敲都不敲一下，径直就闯了进来。这时，一个魁梧的身影歪歪斜斜地印在桌面上，蒋公理抬起头，看见秋书记笑吟吟的样子，站在自己的面前，手里拎着一大提兜的女为县的土特产，他那狡猾的脸上两年来第一次堆满和蔼可亲的笑容，这倒让蒋公理无法从那张已经熟悉的冰冷的面具中解脱出来。

秋旺书记第一次进博士的门。

蓬荜并没有生辉，相反，冷不丁地冒出来的一股热气倒让蒋公理觉得很不舒服，他礼节性地站起来，给秋旺书记让座。

“不坐了，小蒋同志，噢，是咱们的公理博士，你看看，我这个农民出身的县委书记，就是粗心啦，不大懂得关心人，其实咱县跑省里要钱、要项目、开会学习的事情不少，本应该多给你提供这样的机会嘛，回去也好和弟妹亲近亲近。我这当大哥的是饱汉子不知饿汉子饥。小蒋啊，别往心里去，从本质上讲，我这个人是个好人，刀子嘴豆腐心，不然，这么大的一个县怎么能震得住啊？请你放心，你的进步我一定会关照的，咱们来日方长吧！好了，不打扰了，回去之后给弟妹捎个好。”秋旺说完，不容蒋公理回话，搁下那包礼品扬长而去了。

有苦难言，挨了一个大嘴巴，然后再塞到嘴里一颗甜枣。蒋公理愤然，随手将那包秋旺送来的礼品扔到了书柜旁边。

县委办公室王主任亲自安排食堂给包了饺子。俗话说，上车饺子下车面，蒋公理觉得这一天的事情都在错位。王主任不光陪着吃了这顿上车饭，还要亲自送到20里外的宽沟火车站，他这超出寻常的过分热情和礼遇，不能不让蒋公理多想。噢，听说省委书记点了俺的名，还要了解这两年的工作情况，秋旺害怕，一是不知道俺和省委书记是个啥关系；二是怕俺将在女为的情况如实汇报。这不，搞出了一个合理合情的名目，再派王主任亲自押送上了火车，这他才能放心，简直就是掩耳盗铃。

谋事在人，成事在天。王主任的蓝色桑塔纳在离车站十公里处抛了锚，司机急了一身的汗，一个劲地打马达，就是不着火。眼看着时间一分一秒地过去了，让县委重新派车已经来不及了，王主任上了火，将司机骂了个狗血喷头，司机是越紧张，这车越是发动不起来。误了火车，蒋书记回不了省城，晚一天和妻女团聚这是小事，秋书记交代的任务出了差错，这顿板子是挨定了。

汽车终于发动起来了，就像一头疯牛，在低洼不平的柏油路上飞奔。王主任的汽车上配备了从铁路局要来的进站通行证，桑塔纳吼叫着冲上了站台，就在这同一时间，开往省城的火车已经驶出。女为站是过路站，只停5分钟，蒋书记和王主任孤零零地站在冰冷的站台上，无奈地目送着远去的灯光渐渐地消逝在漆黑的寒夜中。

王主任走下站台，掏出手机打了几个电话，看样子是一个没通。然后哭丧着个脸回到汽车旁，他对蒋公理说："秋书记已关机，联系不上，咱们先回去吧，明天用县里的丰田大吉普送你回省城。"蒋公理淡然一笑钻进了汽车。回到县委大院已经夜里11点钟，王主任回家去了，蒋公理拎着旅行包轻手轻脚地从办公楼的侧楼梯上了三楼。

怪了，每天三楼的楼道和走廊是从不关灯的，今天怎么漆黑一片？他扶着楼梯把手走到三楼拐角处，摸住墙壁上的开关，“咔”一声三层走廊顿时明亮起来，走廊东侧秋旺书记对面的书记办，每天都有人值班，今天却大门紧闭，蒋公理看了看手表，十一点一刻，怎么全都睡了，自己的办公室在走廊的西侧，每天这小帮秘书们都到俺办公室聊会天，高兴时还打几圈扑克，咳，今晚看着俺走了，这帮小子就散了羊。

蒋公理轻轻走到自己的办公室，掏出钥匙将门打开，就在他闪身进门那一瞬间，突然听到楼道东头一声女人的尖叫，他探头一看，只见秋旺书记办公室的门敞开了，一位女人从房中冲了出来，满脸的泪水，头发蓬乱，上身的皮夹克只穿着一个袖子，贴身的红毛衣好像领子已被扯了下来，全身上下皱巴巴的，搏斗的痕迹历历在目。他的心怦怦在跳，好个秋旺！色胆包天，竟敢在县委明镜高悬的大堂里调戏侮辱妇女，他想冲出去制止这场欺人的恶为，但又顾及这位被害的女同志怕她看见自己更为害羞。他冷静下来将已伸出的右脚缩了回来。

秋旺也蹿出了门，他一见楼道通明，又连忙退回身去，紧接着又窜了出来，几步就追上了那位女同志，他那粗壮的大手一把又抓着了已经筋疲力尽的弱小女人的衣服。

女人已跑到楼梯口，顺势往下一冲，秋旺只抓住了那件皮夹克。

秋旺只得返回办公室，顺手将楼道的灯熄灭。

蒋公理抄起桌子上的电筒，快速地跑下楼来。县委后院的院灯还亮着，他悄悄躲在写着“为人民服务”的影壁后面，借着灯光，看清了，是县委办公室的王娜娜。一股怒火在心中燃烧，俗话说，兔子还不吃窝边草呢。这秋旺专捡身边的人欺负，关于他的艳闻早就传得满城风雨，只是蒋公理不信。堂堂的一个县委书记有个相好的女人，人们早已司空见惯，这婚外情也可称之为淫而不乱。今天，他目睹了秋旺这条披着人皮的色狼，他简直就是一个搂草打兔子、雁过拔毛的恶棍，像这样的色魔还真不多见。蒋公理一下子想起来个画面，每当遇到有年轻貌美的女同志在场，秋书记总愿意拍着自己结实的胸膛说："我秋旺虽说是农民出身，可咱是喝着男儿河水长大的，是男人，真正的男人，浑身有使不完的劲！"说罢那眼神充满了色迷迷的绿光，然后就大笑不止。

王娜娜轻声抽泣，身子在寒风中微微发抖，她从车棚推出自行车，骑了几次都没有上去，无奈，她推车离开了县委大院。

蒋公理连忙从车棚中找出一辆没有车锁的破车，他跟着她，保护着她，一直将她送到居住的小区。

回到办公室他失眠了，两年的明争暗斗，虽然还没有发展到撕破脸皮，但彼此已是心照不宣。今天这一幕，更让他知道什么叫道貌岸然，权力就像一副刀枪不入的铠甲，将秋旺这架并不干净的躯体牢牢地包裹着，这身铠甲的光环不知蒙蔽着多少颗善良纯朴的心。不行，一定要让他脱掉这身铠甲，还其本色，不能让他玷污党和政府的形象。

蒋公理爬起身来，在灯光下奋笔疾书，他将这两年来的感受、委屈、不平乃至对党的干部任用体制存在的问题，一股脑地都倾泻在纸上。

东方鱼肚白，十几页的稿纸愤然落满了密密麻麻有激情、有血性的文字，一份万言书。他仔细地检阅了一遍，心里豁然开朗，憋在心中的所有怒气都转移到了文字上，这算是一种解脱吧。蒋公理这时方觉得腰臂一阵的酸痛，他站起身来，深深打了个哈欠，转身到里屋的洗手间，拧开龙头，用冰冷的凉水洗去疲倦，顿觉一阵的清爽。

这份材料交给谁？是给即将来检查工作的省委书记，还是交给省委组织部？蒋公理犹豫了，他从未在背后给人打过小报告，这不是他，他向来是光明磊落的。但是，这半夜的心血，这铁一般的事实就让他永沉大海，他又不甘心。思来想去，不论给谁都觉得不妥。算了，俺不能以其人之道还治其人之身，要做个铁骨铮铮的汉子。

蒋公理断然用火柴将材料焚成了灰烬，一身轻松地回到了省城。

九

蒋公理驱车进了东山，一路上凸起嶙峋的裸岩像雨搭探在蜿蜒的公路上。凹进沟壑里茂密的落叶松林，宛如一条条碧绿色的锦带，编织着山峦与山峰的亲密无间。

以前，他乘坐着那辆白色的桑塔纳轿车穿行在这连绵不断的群峰之中的时候，心情都是异常的愉悦。哪怕在此之前发生了多么不愉快的事情，只要面对巍峨的大山和茂盛的森林，郁闷都会瞬间从心中排掉。他的司机知道，蒋书记在县城遇到了什么不高兴的事，就会急着下乡，更愿意进东山。只要汽车一出县城，爬上那陡峭的盘山路，他的脸就立刻变晴，用不了几分钟，蒋书记就会将后窗的玻璃摇下，冲着大山吼起来："天上有个太阳，水中有个月亮，我不知道，我不知道……"烦心事在这浩瀚的大自然中逝去。

今天，蒋公理面对着路边闪过的层林、群峰、溪水，心情依然沉重、酸楚。往日东山这位亲热的朋友和恋人，都无法让他无动于衷的心沸腾起来。昨天，县委办王主任告诉他今天早上9点，县委、县政府、人大、政协、纪委五套班子人马在男儿河大桥举行莲花湖竣工典礼大会。说实话，这消息应该让他振奋，因为这是他几年为之奋斗的理想终成现实，这里饱含着他的心血。可是他怎么也高兴不起来。

蒋公理做了一夜的思想斗争。秋书记为什么将男儿东西两湖改为莲花湖呢？这从历史和现实上都讲不通，县志上没有记载，这里也从未生长过莲花，又何谓莲花湖呢？从现实上讲，怎么能将这么珍贵的水面栽上莲花，挡住了视野，影响周边的投资效益。王主任说，秋书记是想将朱自清的《荷塘月色》的景致搬到女为县来，这叫品位！好一个莲花湖，全国能找出成千上万，男儿河只有这一条，可笑、可悲、可气。

翻了一夜的烙饼，他终于想明白了，谁让男儿东湖、西湖是蒋公理博士命名的呢。一个小小的女为电视台的台标都不能启用，何况这么一大片由天而降的湖水。

蒋公理杠头的脾气在这竣工典礼上是要误事的，秋旺在公众场合已经开了两次玩笑，你蒋公理要改改名字了，蒋什么公理？应该讲公礼！这个礼就是他秋旺的礼，还美其名曰这是女为县委的礼。这话里暗藏着杀机。

怎么办？三十六计走为上，那么摆在眼前的只有一个办法，进山调研去，上小川乡名正言顺，这不能叫作临阵逃脱吧。

出乎意料，小川乡政府的月亮门前，出来迎接的并不是书记乡长，却是广电局的刘通局长和他的夫人县委办文书王娜娜。

蒋公理下车后的第一句话就是："你们怎么会在这儿？"

刘通局长连忙说："蒋书记，娜娜的老家就在这小川乡，她休假，我也过来陪她几天。"

"今天男儿湖剪彩，你这个广电局长不到场，秋书记会发火的。"蒋公理露出了抱怨的表情。

"什么屁书记，人面兽心，老天瞎眼，怎么让县委书记这么光辉的衣服披在他秋旺的身上！"刘通大骂起来。

王娜娜红着脸说："蒋书记，我也顾不上那么多的脸面了，你知道吗？秋旺是一个老流氓，双料流氓。"娜娜流下了眼泪。

蒋公理当然知道，这双料流氓的牌子挂在秋旺的脖子上一点也不委屈他，政治上的流氓他早就领教够了，这生活上的流氓全县无人不知，那天晚上的一幕他看得是清清楚楚，只是王娜娜并不知道。

"走，进屋再说。"蒋公理右手搭在刘通的肩上，左手拍了一下王娜娜的肩膀，三人一同进了乡长办公室。

乡长是王娜娜的叔叔，刘通两口子以主人的身份接待他们心中敬仰的博士书记，他们求蒋书记为老百姓们做主，状告在女为一手遮天的秋旺。

刘通紧锁眉头："蒋书记，你说这事该怎么办？我们现在是秋旺手中的孙悟空，就是一万八千里也跳不出他的手心。"娜娜说："既在矮檐下，怎敢不低头，惹不起他还躲不起他。"求蒋书记给调换一个单位。

刘通给蒋公理的水杯添满水，然后从书包里掏出了状告秋旺的信，双手递了过来，他说："我们写的都是事实，可以用人格和党性保证。但现在缺少的是第三者的证言。"

王娜娜说："事后我找了书记办当晚值班的二位秘书，他们红着脸，谁都推说那晚已睡下了，没有听到任何动静，他们害怕，谁敢得罪女为县的土霸王呢。"

蒋公理笑了笑，你们两口子不要着急，没有人出来作证，好！我就给你作证。

两口子一下子都愣住了："书记怎么能给我们作证呢？秋旺知道你回了省城，这他才敢……"王娜娜的眼圈又红了。

蒋公理说："要想人不知，除非己莫为。娜娜，你那件红毛衣的领子缝上了吗？秋旺怎么将皮夹克送还你的呢？事发半夜 12 点钟，你孤独一人推车回到小区，难道没有发现有人跟踪你吗？”书记一连串的问话让他们两口子是丈二的和尚摸不着头脑，怎么蒋书记比俺当事人都清楚。

“看把你俩急成这个样子，这叫作苍天有眼，那天我没有赶上去省城的火车。这才让我将秋旺的罪恶记录下来，只可惜没有摄像机。”蒋书记告诉他们，自己也写了状告信，只怕上级认为我们是权力之争，诬陷好人。“你们知道吗？秋旺给上级领导留下的是一个忠厚老实、勤奋本分的农村干部的好印象啊。因此，我们必须联手向上级如实反映，这是对我们的党负责，对人民负责，同时，也是对他秋旺负责。”

刘通、王娜娜感激不尽，蒋书记那天不顾一天的困倦和冒着被秋旺穿小鞋的危险，深更半夜将王娜娜护送回家，这是多么鲜明的对比呀。刘通说：“我们党的上级部门，尤其是组织部门，高高在上，对干部的认识只停留在皮毛上，组织考核往往都流于形式。就算有的领导真正深入下去了，了解了一些真实情况，但与上级领导定的框框有出入，不合领导口味，他们也只能话到嘴边留半句，看领导的脸色行事了，所以，像秋旺这样无才无德的人，只会给领导送礼、溜须拍马的人，在他们眼里这就是好人。”

蒋公理不服，三年的磕磕碰碰，让他不服不行。“是啊，我们党的干部体制一定要改革，要把用人的权力下放到用人单位，由用人单位的百姓去推举，并有权弹劾他们。让我们的干部把只对他的上级负责，变换成对党和人民负责。”

蒋书记接着说：“省里我的一位剧作家朋友，写了一部反映农村政权建设题材的电视连续剧，非让我写这个主题歌，他说我有三年县委副书记的经历，这经历本身就是知识。推托不下，我就答应了，说实话，我确有体会，昨天晚上来了激情，一口气没喘就写了出来，先请你们体验一下，是否符合咱老百姓的心愿。看看我是否和人民结合在一起，提点修改意见吧。”

炽热的土地

一

男儿河水往西流
谁说咱清官不到头
端的是老百姓的碗
穿的是人民大众的衣
吃谁向着谁
自古简单的道理
啊！既然人民选择了你
你就应该热血沸腾
灌溉这片炽热的土地

二

太行山梁层层绿
谁为她播种了
富裕走的是山羊崎岖的路
睡的是石板土炕的席
知恩应图报
乌纱人民随手提
啊！既然人民选择了你
你就应该热血沸腾
灌溉这片炽热的土地

蒋书记满带声色地朗诵了一遍，刘通、王娜娜激动不已，两口子的四只手拍得通红。

十

县委常委会议室异常的安静，县委常委和列席会议的县纪委、监察局的领导们都屏住了呼吸，有的人都不愿意将头抬起来，只有蒋公理副书记昂着头，眼睛充满血丝，一眨都不眨死死地盯着秋旺书记憋成猪肝一样的脸。他呼吸急促，手中的铅笔已折成两段。

秋旺再也忍耐不住了，他往日家长式的威严，沉着冷静的风度瞬间荡然无存，几乎达到了歇斯底里。他吼道："蒋公理副书记！你是不是有些狂妄，你少给我来那套知识分子的含沙射影！是男人你就把话给我说明白，你刚才的发言，是在批评县委？还是指桑骂槐！你说！今天你不说清楚不行！"

蒋公理将冲到嘴边的话，在嘴里转了几个转儿又咽了回去，他将三年来没有记满的笔记本打开，看了看扉页上那篇写满"沉默是金"的纸，心境平和了一些，他说："秋书记，刚才我的发言，只不过涉及我们县在购买小汽车问题上的一些超标现象，尤其是购买小汽车的资金来源。县纪委既然已制定了文件，对号入座就行了，我没有泛指谁的意思。"

"你还能怎么样，这还不够吗？我们女为县的常委会何时开过这样的会议，你……说你害群之马为期过早，你也算是唯恐天下不乱，县委会安定团结的局面我不知还能维持多久。购买小汽车是谁违背了党的纪律，你蒋公理必须给我说清楚。"秋旺这匹辕马已脱了缰绳，说话已经肆无忌惮了。

蒋公理心中的怒火再一次被燃烧，这害群之马的帽子压得他豁地站了起来，不然破坏安定团结的罪名就要落在自己的头上。

“秋旺同志！你简直就是政治……”“流氓”二字还是被他压了回去：“你简直就是掩耳盗铃，你不要欺人太甚，你不是想知道我在说谁吗，那我就告诉你，我在说你呢！说你这位堂堂女为县委书记秋旺，这个谁也不敢捅的马蜂窝！”

蒋公理的全身都在颤抖，热泪围着眼圈打转转儿，谁也揣摸不到这是激动、勇敢，还是委屈和无奈。

秋旺一下子呆住了，双眼立刻消逝了骄横，从政以来，没有人敢触动他，敢于公开挑战他手中的权力，平日里谁对于他稍有些不够尊重，他都会深深地记在心里，一有机会就给以颜色。今天，蒋公理这位他眼里乳臭未干的对手，一下子把他心里所有的自信全部掏空，他就像泄了气的皮球瘫坐在座椅上。

秋旺紫红色的猪肝脸一下子变成了惨白。

蒋公理稍稍稳定了一下子情绪，尽量降低了语气说：“半个月前，省财政局领导来我们县检查工作，看到了县委办公室、研究室的办公现代化缺少硬件，给我们拨了60万元专款购买计算机。可是，这笔专款在你秋旺书记的批示下被挪用，买了一台排气量2.2升的奥迪车和一台桑塔纳，桑塔纳给了县委办公室的王主任，奥迪理所当然成了你的坐骑。这一事件应该说性质是相当严重的。其一，违反了党政机关配车标准，作为一名县处级干部严重超标；其二，挪用省财政下拨专款，严重违反了财经纪律；其三，中纪委明文规定，领导干部配备新车，五年内不许更换。可你秋书记那台奥迪普通型购买仅仅两年，公开违背中央规定；其四，女为县是省级贫困县，由于县委书记带头违纪购车，造成全县二级单位违纪购车已达17辆之多。”

秋旺流汗了，心虚了，气势矮了一截。本来嘛，蒋公理碍着面子，不愿意和自己撕破脸，可是自己一步步紧逼，让这位年轻的后生没了退路。狗急了还跳墙呢，何况蒋公理年轻气盛，是个出了名的杠头，自己不是没事找事吗！秋旺开始后悔了，这局面没法收拾，看来只有选择软招了。

“好了，蒋公理同志，我承认你说的这些问题都是事实，在购买小汽车问题上，我作为县委书记是要负责的，但是汽车已经买了回来，还能退回去吗？虽说是违纪，但也是为了提高县委的工作效率嘛，这和买微机的目的并不冲突，我是省管干部，县纪委也没有办法处理我，我会向省纪委写报告，等候省纪委的处理。”

秋旺似乎恢复了正常，他吩咐县纪委书记说：“你们一定按照蒋副书记提供的线索，将全县 17 辆违纪小汽车的情况摸清楚，这是县纪委的权力范围，提出你们的处理意见，下次常委会讨论。”

秋旺书记又破例地问了一下刘县长：“怎样，老刘你还有什么要说的吗？”

刘县长指了指县委会议单上的还未讨论的三个议题，他并没有说话，好像在询问：是接着往下开呢？还是……

秋旺书记说：“剩下的三个议题放在下次常委会吧，既然刘县长没有什么，那就散会吧。”

县委办公室主任连忙站了起来：“好了，好了，今天的会就开到这里，散了散了。”一阵桌椅板凳的声响，代替了往日常委会散集般的喧闹，领导们一个个脸色依然十分严肃，静静地、悄悄地、鱼贯走出了会议室。

蒋公理此刻的心情十分的矛盾，他没有丝毫胜利者的喜悦，一头的雾水，脑袋里空空的，他不知道怎样走回了自己的办公室。静静地反思着这一场斗争，眼前的这层窗户纸没有了，他和秋旺彼此之间都脱光了衣服！在常委们的面前裸体地进行了一次散打，没有赢家。黑方、红方各自的优劣，被观看得淋漓尽致。蒋公理也开始了检查，自己今天的行为不够理想，缺乏斗争的技巧。嗐，算了，出弓没有回头箭，自己是坚持原则的，是正确的，是对得起党和人民的，在这一点上，俺蒋公理问心无愧。

桌子上外线电话响了，是刘县长打过来的，刘县长的语气十分激动，把蒋公理说成是女为县党的历史上坚持原则、敢于斗争的第一人，是党内民主的卫士，也是女为县委发扬民主集中制、改变领导方式的希望所在。刘县长说他在政治上佩服蒋公理，在人格上，他说他更佩服蒋书记是一条汉子，是一个男人，让刘县长他们喝着男儿河水长大的这拨人感到羞愧。

电话在不断地响，一个接一个，委、办、部、局、乡镇街道、学校医院，不知他们是在赞扬自己、鼓励自己、关心自己，还是看到秋旺书记的政治铁板发生的断裂，而让这些关心女为县政治的人们兴奋不已。

县委食堂的张师傅来了电话，告诉蒋书记不要下楼了，他专门给蒋书记特意包了韭菜鸡蛋馅的饺子，等天一擦黑，就端上来。

十一

时值初秋，时间过去了半年，寄到省纪委状告秋旺的函件石沉大海，音信皆无。女为县上上下下好像什么事情也没有发生，政局显得十分平静。

细心的蒋公理还是看出来了，那一场斗争后秋旺书记的霸气收敛了许多，平日里盛气满贯的光亮的脸上，不时闪过一丝不易察觉的变化，目光呆滞，举止打愣，虽然只是那么短暂的一瞬。

早晨，蒋公理在县委小食堂的东北角刚刚坐定，张师傅就会马上端来一碗热乎乎的豆腐脑，两根油条一个鸡蛋。而蒋公理每天都要微微站起，说一声谢谢！这成了他一天工作开始的标志。

秋旺进来了，他冲着张师傅说："喂，把我的饭菜端到蒋书记的桌上来。"县委小食堂有个不成文的规矩，吃饭的桌椅都是按照职务大小排序的，虽然没有人故意安排，从秋旺书记第一次选择了那个风水最好的位置坐下之后，那就理所当然地成了他的专座，无论他出差开会或在县委坐班，即使空着，也从来没有人再去坐那个位置。

蒋公理惊诧地看着秋旺书记，他连忙将自己那套饭菜往边上挪了挪。

秋旺书记脸上又一次堆满了笑容，和男儿河上游升起的朝霞一样鲜艳。"蒋书记，听说你在丰营村搞的80%理论实践得不错呀，反季节蔬菜和什么特色菜都已推广成功，就连南方的老客菜贩子都在那里安营扎寨了，怎么样，不请我这位班长去参观参观吗？"说罢，他喝了一口小米粥，他说豆腐脑里有化学成分伤身体，从来不吃。

蒋公理立刻停止了咀嚼，将嘴里的半根油条放在盘子里说："瞧你说的秋书记，全县哪摊工作不都在县委的领导之下，上哪里检查还不是你一句话。我原本想等着公路局将进村的道路铺上柏油……"

"不用了，"秋书记截过蒋公理的话，"咱们今天上午就去。"他回过头喊了一声县委办王主任，通知新闻中心、电视台、公路局、县农委、蔬菜办和临江乡党委去丰营村。

五六辆轿车压着丰营村平展展新修的路基驶进了村委会，小楼前村委会的牌子被一块醒目的"丰营特菜股份有限公司"的大牌子取代了。小楼的西侧盖了两间用石棉瓦封顶的简易平房。村委会、党支部的牌子浮立在墙上。小楼的东侧盖起了两排四个蔬菜交易大棚，上午9点开市。还不到时间，几辆封闭式的卡车已在排队等候了。各色蔬菜，什么奶油白菜，长白萝卜、绿菜花、荷兰豆，还有一些叫不上名的分类堆满了四个大棚。几位西装革履的南方客商，嘴里叼着香烟正和菜农们商谈着。人们都在忙碌着，无视县里这一溜车队的到来。

县委办王主任跳下车来，没见村里的头前来迎驾。他大骂起来：“哈云豹这帮混蛋没长眼睛，他妈的藏在什么地方了！”他命令司机按响了汽车喇叭。

村支书哈云豹正领着“两委”干部在平房里开会，商量着贷款修建冷库的事情，这近一千亩的菜地，如果有了冷库就延长了销售期，每斤菜都会增值，农民就提高了收入。蒋公理和他们一班人调研了市场，制定了规划，南方客商也准备投资，长期驻扎在丰营。

哈云豹突然听到一阵急促的汽车笛声，知道秋旺书记到了，早晨县委办已有通知。他们连忙集体跑出去迎接。

秋旺看到哈云豹跑到自己的车旁，这才慢慢腾腾开门下了车，他一脸的不高兴：“怎么哈云豹，我该怎样称呼你呀？是叫你哈书记还是哈老板呀！财大气粗了，也摆上了谱，往日里蒋书记到你们村蹲点，你们也是这样磨磨蹭蹭？看看，有点成绩就得意忘形了，你要知道蒋书记来蹲点是奉了县委的指示，是我秋旺的安排。”秋书记背着手站在黑亮亮的奥迪旁。

哈云豹伸在半空的手收了回去，他们被秋书记的一席话浇了个透心凉，原本想秋书记能亲自视察，能表扬一下丰营村发生的巨大变化，尤其是对蒋书记的成绩给予充分肯定。没想到一见面就挨了一闷棍，村干部们心里也不痛快。

蒋公理连忙接过话说：“云豹，秋书记批评那是爱护你们，不要往心里去，重要的是看看你们干了些什么，老百姓得到了什么。你们先领着大家参观参观，一会儿简要汇报一下今年的工作和农民收入情况，再汇报汇报下步的打算。另外，目前有什么困难就提出来，这是县委抓的试点嘛，我想秋书记一定会帮助你们解决的。”

县委办王主任推着哈云豹往前走，他说：“好了，好了，就照蒋书记说的进行吧，你们前边领路吧。”说完，王主任使劲地拍了拍哈云豹的肩膀接着说：“还他妈的军人出身，这点眼力都没有，你们要到村口迎接，懂吗？”

哈云豹气不打一处来，他秋书记哪儿那么大的谱，蒋书记还是个博士呢，从来就不摆什么官架子，比我们农民还农民。

参观完毕，记者们将哈云豹和蒋公理团团围住，让他们介绍一下 80% 农民致富的经验和做法，尤其是菜农们自发组织的经济合作组织。为什么没有采取过去由村党支部和村委会行政干部的做法。

秋旺见状又一次感觉到心里不是滋味，他妈的本来倒霉，一个小小的蒋公理，三年来夺走了多少应该属于自己的光环，他在喧宾夺主，不行，我秋旺在女为县待一天，这粉彩就要涂在俺的脸上。

秋旺看了县委办王主任一眼，王主任心领神会。

大家都过来，秋书记有重要新闻发布。人们重新集聚在秋书记的周围，摄像机的镜头、无线麦克都对准了高高大大的县委书记秋旺。

秋旺说话了，声音很大：“同志们，今天县委在这里开一个小小的现场会，让农民尽快地富裕起来，是县委始终不渝的工作方针，而丰营村的变化，正是县委试点工作的结晶，工作组由我亲自挂帅任组长，蒋副书记在我的领导下，全力贯彻了县委的意图，啊，按照我的思路，啊，给 80% 的农民找到了一条致富之路。今天，把大家请来，一是要宣传丰营村的创新经验，以点带面嘛，二是我这位组长，要给丰营村的经济发展解决一些实际困难。”

秋旺看了一眼公路局长接着说：“明天，公路局要进驻丰营村，将柏油路铺好，也算我这位县委书记为农民办了一件实事。”

公路局长瞧了一眼蒋公理书记，做出了一个无可奈何的姿势，表示他没有别的办法，只好顺着秋旺书记的要求表态了。其实，丰营村进村的路基早已由村民集资修好了，按照县里村村通柏油的计划，路面硬化由公路局出资，工程进度顺序排列正好是明天。秋旺书记那里有全县的“村村通”大表，他当然知道，就是他不说，明天公路局也会照常进驻。

秋旺书记空手给农民们送了个人情，揽了一个天功。

秋书记冲着记者们摆了摆手说：“好了，我的话就是县委试点工作的新闻通稿。小蒋啊，你还有什么话要说吗？”

蒋公理憋红了脸，额头渗出了黄豆大的汗珠，两腮暴出的一道道青筋在不停地抽动，忍让的限度超出了警戒线。但是，当着这么多干部群众，总不能再一次让县委主要领导之间的矛盾暴露在众人面前，打掉牙还得往肚里咽，这叫讲政治，但也不能当一个毫无反抗的缩头乌龟吧。

蒋公理静了静神，提高了嗓门，几乎到了呐喊的声贝：“乡亲们、新闻媒体的朋友们，我向大家宣布一件与今天现场会毫无牵连的事情，我到咱女为县三年了，在你们身上学到了许多知识，让我这位所谓的博士大开眼界。尤其是县委秋书记对我关心备至、无微不至，甚至小到我蒋公理的姓名上，他建议我改改名字，经过深思熟虑，我认为秋书记的提议是有道理的，因此，我在这里隆重宣布蒋公理仍叫蒋公理，只是把理论的理，道理的理，真理的理，改为礼节的礼，礼貌的礼，克己复礼的礼。一字之差，同音不同字，同音不同义，这就是我最大的收获。”

蒋公理说罢头也不回，径直走到自己那辆白色桑塔纳轿车旁，他狠狠地拉开了车门，钻进车里，又狠狠地关上车门，发动机和那狠狠地摔门声同时响起，车子像箭一样冲了出去，新修的路基上扬起了一团土黄色的风尘。

女为县委书记秋旺被裹在这股小小的风尘中，他那高大魁梧的身影在尘风中时隐时现。

半年后，蒋公理，这位女为县委的博士副书记被调回了省委研究室任副主任，秋旺调任某市的政协副主席，刘县长接任女为县委书记，皆大欢喜。

第二年，春暖花开，满目青翠的季节，女为县首届“自然生态观光旅游节”开幕，省委研究室蒋副主任、县委刘书记分别为男儿河大桥东西两侧的石碑揭幕。两块红色的丝绸飘然落下，两块青色的东山自然石镇守在大桥两侧。蒋公理亲笔手书的“男儿东湖，男儿西湖”被永久地铸刻在这里。

（原载《长江文艺》2006 年第 7 期）

附：距离的感受

黎晶

中篇小说《男儿河》是我从政历史过程、感受浪潮中的小小一束，却是我文学创作冲动、兴奋和高潮中的又一个宠儿。

理想与现实的距离，不能用理性的遥远，或者感性的咫尺来形容。更无法用数据的概念去丈量，距离不仅产生美，也产生丑。只不过是各自不同的感受罢了。

美与丑的区别，评判由人民和历史定义。作家的责任，却是要把繁杂的色彩现实，用洁净的水去分离，洗去障在眼睛上面的那层混浊，或者透明的膜，真切地去感受美。这里当然也包括了作家本身的价值走向。

县委副书记、哲学博士蒋公理的经历、学识、正义与勇敢，拉近了理想与现实的距离。虽然他蒋公理的名字改为了“蒋公礼”，但仍然让人看到了光明与希望，距离也真真切切地产生了美感。

《男儿河》毕竟是小说，虽然它来自五彩斑斓的世界，诞生在这个大花园里。可它还是作者的理想，它与现代生活中的现实有距离。我只是想用它去呼唤人们，尤其是呼唤小说中的现实人物，应该如何把握自己的轨迹，缩小距离感。也许，这也正是我写《男儿河》这篇小说的真正目的吧。

附：文学朝圣路上的精神建构

——从《男儿河》看黎晶的小说创作

王虹艳

《男儿河》是黎晶的中篇小说力作，发表于《长江文艺》2006 年第 7 期，后被《北京文学 · 中篇小说月报》转载。近期，《男儿河》获得首届“长江文艺 · 完美（中国）文学奖”，黎晶的创作再次引起大家的关注。

哲学博士蒋公理从省里来到女为县担任县委副书记，年轻的博士准备大展宏图，但是却处处碰壁；土生土长的县委书记秋旺在女为县一手遮天，他党同伐异，鲜有作为，却处处打击嘲讽蒋公理。小说中蒋公理是一个有原则的官员，他个性张扬，棱角分明，认死理，是个出了名的杠头。他在与秋旺的斗争中有妥协但没有谄媚，讲斗争策略但也有率性而为的地方。在我看来蒋公理身上最打动人的是他的赤子情怀——他对于土地人民的爱，他的执着坚守，他的善良、仗义执言等等，都令人印象深刻。最可贵的是他身上的诗人气质，或者说知识分子气，当得知自己要到女为县担任县委副书记时，他首先是惊喜，然后是感恩，感谢父亲和家族的培养，之后，他想到了女为县的男儿河：“听说这女为县有一条流经全县的河流叫男儿河，女为县、男儿河，很浪漫，这里一定有很多奇异的传说吧”。这是蒋公理身上诗性思维的一面，也是他浪漫天性的体现。来到女为县之后，蒋公理与秋旺的矛盾日益尖锐，他开始下乡调研，当被大雨阻隔在半路上时，蒋公理步行来到目的地。小说中以大段的景物描写来衬托蒋公理如暴风雨般的艰难境遇，以及他内心深处悬挂的彩虹、弥漫的清香，这同样也是对蒋公理诗人气质的衬托。如果说喜欢抬杠、一根筋是蒋公理性格中刚性的体现，那么诗性则是他性格中温柔一面的外化。这种刚柔相济的性格让蒋公理这一人物形象更加立体和丰富——他是趟过男儿河的男儿，他也承载了作者对于真正男儿的审美理想。

黎晶的小说大多采用传统的写实手法，注重人物形象的刻画以及细节的捕捉。《男儿河》在写实手法之上，又运用了讽刺夸张的笔法。这不仅体现在小说中人物的言行，也同样体现在作者的叙述姿态上。小说中秋旺对付蒋公理的方法便是冷嘲热讽，他处处强调蒋公理是“咱们的大博士蒋副书记”，几乎不放弃任何一个用言语打击报复的机会；蒋公理在主持会议时，被秋旺挤兑着发言，他却用几个字来回击对方：“对不起，散会”。小说在刻画王主任这个小官僚的阿谀奉承时也颇见功力，王主任看到大厅里歪歪扭扭陈列的几个大字“一定要根治男儿河”时，“嘴角撇上天了，嘴里带上了脏字”，他咒骂到：“谁他妈的跟这儿瞎鸡巴划拉什么！”当他听说是书记秋旺写的字时，“拍了一下自己肥大的脑门”，并重新返回到秋旺的“一定要根治男儿河”书法作品旁边，“仔细端详，一个劲地点头并大声地说，‘这是谁写的字，写得不错，真是不错’。”同样一幅字，王主任前后态度的变化极富戏剧性，小公务员可笑亦可怜的面目被刻画得惟妙惟肖。小说写蒋公理指出县里挪用专款购买小汽车的问题时，秋旺大骂蒋公理指桑骂槐，是害群之马，而蒋公理也第一次当面指责秋旺掩耳盗铃、欺人太甚，这是正反面人物矛盾最严重的一次激化。小说在写到蒋公理回味这场二人对峙时，说他和秋旺彼此之间都脱光了衣服，在常委们的面前裸体地进行了一次散打，没有赢家，以“脱光了衣服散打”来描述二人撕破脸后的情形也很具有艺术感染力。

黎晶的小说大多聚焦在官场上，这与他长期的从政经历有关。生于北京的黎晶是老三届知青，曾在黑龙江省山河农场下乡，当过农工、木工、汽车司机。在黑土地相继当过银行信贷员、人民警察、交通部黑河航运局党委书记。黑河地区经济合作委员会主任，党组书记、中共五大连池市委书记。1993年调回北京，曾任延庆县县委副书记，北京市四方房地产开发总公司法人，北京市门头沟区委副书记，北京市文联党组副书记，中国人民大学徐悲鸿艺术学院兼职教授，老舍文艺基金会常务副理事长，中国作家协会会员，中国书法家协会专业委员会委员，中国音乐家协会会员，北京美术家协会会员。这些头衔虽然与文学无关，却可以帮助我们深入理解黎晶的文学创作。

官场小说是近些年来一直很受欢迎的小说类型，近几年的官场小说已经不再仅仅聚焦在官场上的政治斗争，而是在政治中融入了言情、犯罪、悬念等要素，官场小说越来越热闹，越来越往人性的深层开掘，但是也越来越偏离真实的官场——一些官场小说看起来更像是知识分子一厢情愿的想象，政客们或者说政治是否是这样，令人心生怀疑。相比较而言，黎晶笔下的官场更可信，也更具有细节感。《男儿河》中几乎没有女性角色，也不见爱情、凶杀，但是却处处可见一个具体可感的官场现实，人物的一句话一个眼神几乎都暗藏机锋。小说写蒋公理刚到女为县第一次挑战秋旺的权威时，秋旺要求众人表态说明自己的立场，而常委们都低着头，“谁也不愿将目光和这一老一少的书记对视”。这时一直被秋旺书记压制的刘县长开始表态，他既两不得罪，又支持了蒋公理，同时又表现得自己很有主见。而王主任的表态既不得罪蒋公理和秋旺，同时也没有得罪刘县长，并暗地里巴结了秋旺。这些充满玄机的官场话语都恰到好处地表现了人物的性格，同时也令人惊讶“官话”竟然有着如此玄妙的“学问”。蒋公理第一次主持县里的大会时，秋旺坐在台上，“眼神从第一排开始不停地往后搜索，偶尔还冲着台下面的人轻轻地点着头”。当群众给蒋公理善意的掌声时，秋旺“见景咳嗽了一声，扩音器传出来的声音显得严肃，掌声立刻就停下来”。秋旺在女为县的政治地位由此可见一斑。秋旺在做报告时很有分寸地掌握会场的气氛，在每一个段落的结束，都会把最后一句拉长，等待会场上的掌声响起。以掌声来调节会场气氛，这大概也是秋旺这样的“政治油子”的发明吧。秋旺同时也酷爱开会，他认为这是展现自己权威，同时也是和下级培养感情的机会。一面搞一言堂，一面宣扬民主，这是秋旺的政治伎俩。正是这些生动的细节描写使黎晶笔下的官场以及官场人物详实丰盈，并有着独特的中国文化特色。从人物的语言、行为、动机，从女为县的各种会议，从蒋、秋二人的斗争中，我们都可见到一个形象的中国官场文化——这一文化中有为民生大计的激情与正义，也有流氓无赖式的堕落和邪恶。

黎晶的写作很容易让人联想到时下非常流行的“官员写作”。“陕西省官员写作蔚然成风”的话题，在网络上一度引起热议。尽管并不了解其中内幕，但是这种特殊的文学现象或者说是“官场现象”，还是饶有意味。当我们已经不能在大众文化场域感受到文学的热度时，文学却在官员中悄然盛行，这不能不令人感到惊讶。我想如果透过地方政治、文化状况以及具体作品的分析，弄明白这种“盛行”的原因，大概也并不困难。但是抛开一时一地的具体因素，中国古代的“学而优则仕”的文化传承，包括“文以载道”——载“修身，齐家，治国，平天下”之道，载“达则兼济天下，穷则独善其身”之道的思想，也起到了很大的作用。有人认为官员写作会滋生腐败之风，或认为官员写作功利目的强，其实这并不能一概而论。从政而又从事文学创作的人自古有之，其中在两方面都有成绩的人也大有人在——“立德、立功、立言”本是三位一体的入世哲学。在今天，抱着素朴的写作态度进行创作的官员也并不少见。在大连从政并写作的官员老藤说：“我写小说没有更大的奢求，只是让自己的精神生活能丰富一些。我发现很多人只有一种追求、一种寄托，结果，仕途一旦不如意的时候就很凄凉，我有了这么一块自留地，经常种点时令小菜，让自己的精神餐桌多点绿色，也算是自娱自乐吧。但既然写了，就应该不断地去总结经验，把东西写好，别让人家见笑，这就让我多了一份打理这块自留地的责任。”把文学视为精神追求，并不断提升自己，在今天已经难能可贵。因为在当下功利主义的文化环境，从事文学而又荣耀文学，或者说从事文学而又并不玷污文学并不是一件容易的事情。

同为“官员写作”，黎晶的小说有着深厚的艺术滋养，他在书法、绘画、诗歌等多个艺术领域都有建树。黎晶 2004 年调入文联之后，两年的时间内创作了近百万字的作品，其中长篇小说《殉猎》一部，中篇小说《信访局长》《男儿河》《选择》等十部，短篇小说《错位》，散文《白菜花》等，在全国十几个刊物上发表。其中《信访局长》《殉猎》还在北京人民广播电台小说连播节目中播出，除《男儿河》获得首届“长江文艺 · 完美（中国）文学奖”外，他的作品还多次获《北京文学》各大奖项的提名，但作为《北京文学》的主管书记，黎晶均放弃参加最终的评奖。短短几年间，黎晶已出版《只会种儿子》《信访局长》小说集，《荒原劲草》《拥抱风浪》诗词集。黎晶的创作还扩展到不同的艺术领域，他先后为著名歌唱家刘斌、戴玉强创作了歌曲《十八里哨所》《心中的河》等。书法作品多次在国内外获奖，曾在日本、韩国展出。出版发行了《黎晶书法集》《中国书法家黎晶》。2004年黎晶在京举办个人首展。近来又开始了美术创作的研究。黎晶的文学和艺术，被界内称之为奇特现象，引起轰动。

正是这些艺术成绩让黎晶对于自己的写作充满自信，他坚持自己的现实主义创作理念，认为文学作品不仅要在文学界被认可，更应该被普通百姓喜闻乐见。同时，他对于文学的前景持乐观态度，这也与多数人对于当下文学的悲观认知截然相反。他认为这个时代正是文学繁荣的时代，因为有这么大的一支作家队伍在生产文学产品，同时又有这么多的文学期刊，为他们的产品承担柜台作用，推向市场进行交换，每一年各大期刊以及文化部门举行的大型文坛盛会更令文学引人关注。同时他也认为文学应该走向大众，如果文学只是局限在文人的圈子，那么它的生命力将受到挑战。

抛开这些先验的文学观念，黎晶的创作也具有鲜明的文以载道的特点。他的小说写为官之道，同时也写庶民之道。小说中与为官者对应的是“百姓”。百姓是黎晶作品的主题词之一，它的诗歌中也不断歌咏百姓或者人民的力量。在黎晶的作品中，百姓不仅是衣食父母，也是代表着正义和良知的群体。《男儿河》中蒋公理在政治上备受打击的时候，是食堂的厨师端来热汤面，是并无深交的群众带来韭菜馅的饺子。群众不仅送来食物，同时也在精神上默默支持蒋公理。蒋公理羡慕百姓生活，因为它简单素朴，没有政治斗争的血雨腥风。同时他也深知自己责任重大，是代百姓立言的父母官。古代的县衙大堂上曾有名句：“吃百姓之饭，穿百姓之衣，莫道百姓可欺，自己也是百姓；得一官不荣，失一官不辱，勿说一官无用，地方全靠一官”。这是理想状态下的百姓与为官者的关系，也是蒋公理努力实践的“公理”。

小说的结尾既藏有讽刺，也是作者理想主义精神的再次延伸。蒋公理被调回省城，而秋旺书记突然得了肺癌死去。刘县长接任女为县的县委书记。这是一个惩恶扬善、好人自有好报式的结尾。黎晶是自己的叙述王国里的统治者，秋旺的死几乎就是他大笔一挥刻意安排的。这也令人想到《药》结尾处的曲笔，夏瑜坟前绽放的花环，只是鲁迅内心的美好期望，现实往往并不依照内心的逻辑展开。蒋公理是被叙述者推向了新的起点。

黎晶的小说构建了一个现实与理想交融的世界，这个世界充满各种斗争与矛盾，亦充满激情与梦想。它黑白分明，善恶清晰，代表正义的力量虽在荆天棘地的跋涉中，却依然执着不悔；生命自身爆发出某种狂放刚劲的美，那些真正的强者、真正的男儿在时代的风云变幻中博弈，他们的成功或失败只有一个参照点——是否为百姓带来福祉。黎晶小说的叙述主体也是爱憎分明，他在文本的各个角落里发言，他珍爱笔下正在成长的人物身上的闪光之处，呵护他们如同呵护易碎的梦想。他与笔下的人物、与历史、与自身展开了漫长的精神对话——这是一场文学朝圣路上的自我建构，也是朝向更高审美境界的自我修炼。

附：书法家的“第五脑室”

——简评黎晶先生的文学创作

张稼人

一

已是中国书法家协会理事、权益保障委员会委员的书法家黎晶先生，作为文学家，又在文艺界创造了一个奇迹，引起社会的广泛关注和好评。他凭借他的“第五脑室”，在不长的业余时间里，吟出了一首又一首脍炙人口的诗或词，写下了一篇又一篇感人肺腑的小说或散文，他用满腔真情创造了美，宣示着奋发与善的理念。

明末的张岱说过两句极为深刻的话：“人无癖不可与交，以其无深情也；人无疵不可与交，以其无真气也”（蓝翎编《中国杂文大观》百花文艺出版社 1994 年 3 月版第 29 页）。以此而言，黎晶是最可与交的。因其有“癖”，“癖”好诗文、书画与音乐，且一往情深，历数十年而不渝；因其有“疵”，“疵”在率直，仗义执言，正气凛然，对百姓一腔真诚。他借小说人物之口说：“支撑人站立的是什么？不是架子，是豪气、傲气、顶天立地之气，俗称骨气”（引自黎晶小说《殉猎》尾声），这就是黎晶的性格。

黎晶丰富的生活与工作阅历，是他创作高产的源泉。

1951 年出生在西安的黎晶，人生道路坎坷，早在 1992 年《人民文学》第 5 期便报导过他充满传奇色彩的经历。他曾先后当过农民、木工、汽车司机、银行信贷员、人民警察。1983 年走上领导岗位，先后担任交通部黑龙江省黑河航运局党委书记，黑河行署经合委主任、党组书记，1990 年任中共五大连池市市委书记。1993 年调回北京，曾任延庆县委副书记，北京市四方房地产开发总公司法人，中共北京市门头沟区委副书记，现任北京市文联党组副书记、副主席。

二

黎晶的书法以及他的国画作品，充溢着国人称之为“阳刚之气”，西方人叫作“壮美”的精神与气息。在他的国画中，历来雍容优雅的“鹅趣”竟然有着居高临下虎视眈眈的气势；他笔下的苍鹰头角峥嵘，爪牙劲利，以静御动，活生生透出百鸟之王“离天三尺三”傲睨寰宇的性格。

黎晶的书法施墨厚重，用笔大胆，结构奇崛，气势磅礴，没有一丝媚态、分毫造作。他的书法艺术作品，不仅给人以视觉的张力与美感，更给人精神以如雷如潮的震撼，使观众在情不自禁中感受生命的勃发与心志的昂扬，催人奋进，催人向上。他的书法作品多次在国内外获奖，被中国文联收藏；曾在日本、韩国展出；曾在北京举办黎晶书法展。他出版有《黎晶书法集》《中国书法家黎晶》等。

黎晶是北京已故著名书家黎世豪之子，幼承家学，深受庭训，所以在政务繁忙、劳作辛勤之余，犹能在书画艺术方面达到如此造诣，尚不致令人惊诧。

三

令人惊诧的是，他在政务缠身兼研书画的同时，还能在短短两年的业余时间内，创作了一百多万字的优秀文学作品，这确实是使专业作者都颇感震惊的奇迹。有人认为，这种高效多产的文学创作现象，绝无仅有，可以破吉尼斯世界纪录的。黎晶在文艺界的创作成就被界内视为奇特现象，引起轰动。

2004 年黎晶调至北京市文联，任专职副书记以后，接连创作了长篇小说《殉猎》一部，中篇小说《信访局长》《男儿河》《选择》等十部，短篇小说《错位》，散文《白菜花》等，在全国十几家刊物上发表。其中，《信访局长》《殉猎》等，还在北京人民广播电台小说连播节目中播出，并发行了小说集《只会种儿子》《信访局长》，诗词集《荒原劲草》《拥抱风浪》。还先后为著名歌唱家刘斌、戴玉强创作歌词《十八里哨所》《心中的河》等等。

长篇小说《殉猎》于 2006 年 10 月由作家出版社出版后，作为实力派创作，冲进了各大图书排行榜。由于其在文艺界以至社会上引起了广泛影响，2007 年初，作家出版社、中国作家协会创研部在北京大观园酒店联合主办了“黎晶长篇小说《殉猎》发布会暨文学现象研讨会”。《光明日报》《作家文摘》《文艺报》《中华读书报》《信报》《文学报》《华夏日报》《北京晚报》等都发表了有关《殉猎》行世所产生的社会文化意义。评论家张守仁认为，《殉猎》再现了东北人民的劳动方式，仿佛一幅生动的东北风俗画，“小说的艺术性表现在‘猎’上，思想性表现在了‘殉’上。”（《信报》2006 年 12 月 20 日第 20 版，《信报》记者张守刚：《黎晶：〈殉猎〉不是情爱小说》）。北大教授张颐武评介道：“黎晶的小说召唤我们相信中国，显示了希望。”（同上）

四

黎晶小说的艺术魅力得到了广大读者，包括专业文学评论家和文学出版部门专业领导的高度评价。

作家出版社总编辑侯秀芬、副总编辑王文平，原《十月》副主编、文学评论家张守仁等，都不约而同地谈到，读黎晶的小说《殉猎》“是一次美好的享受”、“一次艺术上的享受”（见《黎晶长篇小说〈殉猎〉暨文化现象研讨会发言摘要》）。

我以为，构成黎晶文学作品艺术美和意境美的艺术特色很多，简要而言，有如下几点：

1. 贴近百姓，具有真实浓郁的基层生活气息。

当过农工、木工、汽车司机、银行信贷员、民警，以及中下层党政领导干部的黎晶，几乎铭记着他经历过的每片土地以及土地上的一草一木、四时变迁，铭记着与之交往过的每个善良而富于个性的寻常百姓，以至謦欬微异。在那个年代，他这个连支边都不够格而偷偷盖章、赴黑龙江的“黑五类”“狗崽子”，是用心在观察体验人生旅途的每一场景、每一人物。因此，一打开黎晶的文学作品，不管是诗歌、散文，还是小说，扑面而来的便是一股清新、真切的山野之风，黎晶通过其流畅、精准的语言，描绘了北国边陲神秘迷人的景致、黑龙江畔的男女老少。笔者也曾是在这片土地上生活过16年的知青，但随着时间的推移，黑龙江的生活在我脑中已如梦如烟恍若隔世。现在黎晶的作品唤起了我的回忆、我的共鸣，让我再次想到曾经的生活，是那样坎坷而深蕴哲理的启迪，那样清晰而充满生命的意义。

《殉猎》令人如置其境地描写了宰猪、打猎、打豹、逮鱼等生活场景和情节，并通过这些描述赞美了黑龙江人的善良、豪爽和勤劳。

2. 酣畅精准具有强烈艺术感染力的文学语言

读黎晶文学作品的一大美感是作者极具天赋的语言感染力，不论是在十多部小说及散文中对人物性格或细节的入微描写，还是《荒原劲草》《十八里哨所》《心中的河》等诗歌中那种凝炼的心灵抒发，黎晶文学作品的语言，都被一种具有阳刚美的豪气所贯穿。作者的叙述语言，简洁而流畅，富有节律的跌宕，生动、晓白而富有刻划的深度。这或许是黎晶的小说《殉猎》等被北京人民广播电台连播时，广受听众欢迎的一个原因吧。

如中篇小说《信访局长》第八节写途景："吉普车顺着沿江公路直奔县敬老院。一路上朝阳的岸坡开满了一簇簇艳红的达子香花。公路下边嫩江水面上的冰凌融化，睡了一冬的临江号小客轮和吉普车赛跑。漫岗上，黑黝黝的大地被犁开，裸露出片片肥膘，在白白的日光照烁下油油发亮。"这段语言描写色彩鲜明，动静相宜，读来朗朗上口，令人如临其境，直观北国初春如画的美景。

3. 富有特色的文学表现手法

黎晶小说的表现手法也颇具特色，值得珍视与研讨。作者在情节构置上，往往摈弃人们常用的悬念与过渡，而多以蒙太奇的手法，把生活中最能凸现人物性格的场景或情节，加以细致的刻划。他对笔下的人物很少以大段细腻的肖像描写与心理刻画，来局限读者的想象。对人物性格的塑造，主要通过人物的行为及行为方式来实现。黎晶小说的语言大多用叙述的方式表述，由于始终夹带着精短而细腻的特征描写，这种叙述令人难以忘怀。这种叙述方式使小说场景变化自如，情节变化紧凑、明快，绝无某些小说体现的晦涩、模糊，故作曲折与深奥的倾向。可以看到，作者把中国古典小说的叙事方式和西方现代小说的过渡方式相融合的艺术尝试。应当认为，这种尝试是非常成功的。

黎晶的小说，有散文的灵活性与宽广度，而散文又有小说的感染力与故事性。《白菜花》是一篇催人泪下的叙事散文，既有黎晶小说的特色，也具有黎晶散文的特色。作者通过抒写对父亲的怀念和对恩人的感激之情，再现了“文革”时代的冷酷。而读者则从作者笔下的冷酷时代中，深深地感受到了存在于普通百姓中的恒久、炽热的情怀与爱心。《白菜花》的语言总体上是叙述的，但叙述中不乏令人铭心刻骨的特征描写。作者对“白菜花”的描写是：“三棵砍掉头的白菜根，在碗中清水的浸泡下，长满了白色的胡须，菜心中钻出几根翠绿的梃儿，金黄色的小碎花，珍珠一般，串串镶嵌在鲜嫩的枝头上。我第一次发现这是人世上最美、最漂亮的花，白菜花儿。”这种细腻的描绘所透出的作者对白菜花的一往情深，完全源自对生活的深刻体验。一丝凄凉，几多深意，白菜花成为世事沧桑、人情炎凉的象征符号。作者用这种手法自然、朴实地抒发思父之情、感恩之情，把痛苦与幸福自然朴实地糅合为一种生活的过程，由不得读者不感慨、不深思，甚至不潸然泪下。通过《白菜花》，作者极凝练、极深刻地写出了时代的变迁，及变迁中人的情感。

黎晶的文学作品娴熟、自然地大量使用了象征手法。不仅“白菜花”，《殉猎》中的鹰，甚至于毛子其人，都充满了强大与弱小，生命与死亡的象征意义。小说《公狼与少女的红围巾》中，公狼和少女及红围巾也蕴含了善与恶、强与弱凝为一体、不时转化的丰富象征意义。让人感到难以释怀的不仅是少女，还有红围巾，甚至还有那被人所伤的公狼。叠得整整齐齐的美丽的红围巾，是好心的人类成员所为，还是残忍的兽类的公狼所为，这一切都显得奇妙而不可测。善的究竟是人还是狼？恶的究竟是狼还是人？少女究竟要把红围巾留给雪原的人们还是要留给未伤害自己的公狼？狼亦惜美，何况人乎？短短的一个真实故事，却通过作者的文学叙述留下了如此耐人寻味的思绪和意趣，令人掩卷而叹。

这是黎晶小说充满艺术魅力的又一奥秘所在。

五

黎晶文学作品的艺术价值，不仅在于它出色的语言表现力和感染力，或者独特的艺术构思和表现手法，更在于他的文学作品，无论是诗歌、散文，还是小说，都蕴含着深厚的爱的真情。语言和技巧的高明，仅仅作为一种过程、一种工具，而最终的价值意义和艺术效果，在于作者把自己的襟怀与真情，融进了作品的故事和人物中，坦露与倾吐向广大的读者，从而在读者心中唤起对良知的挖掘，对人的心灵与肉体健康的赞美。用耸人听闻的故事吸引人易，用平朴真实的生活打动人难。黎晶小说的美，源于后者。

读黎晶的文学作品，让我感到清新、昂扬、真切，但又牵着一丝幽幽的哀伤。原因或许是黎晶文学作品深蕴的对下层群众的爱及对群众中某些落后观念与行为的怒其不争。

六

黎晶的小说以文学特有的表现方式与能力，不断探索、挖掘并展示着中华民族的人文精神。作者作品的情感，在无意识中，已经被作为中国传统文化思想精髓的“中和”精神所浸染、过滤，显得温文而有节制。黎晶文学作品的独特感染力，即在于此。

在他的笔下，众多的人物形象虽各有鲜明个性，但绝无大善大恶之人，他笔下的人物都是社会生活中的中下层人物。让人感到真实而令人难忘。利己与利他，是人类本性中永恒的矛盾，在黎晶的笔下总能和谐地相融一体。在愚昧与自私背后，往往有着“己所不欲，勿施于人”的浓郁的人道主义色彩，有着宽容、感恩与厚道的中国式的善良。无论是卑微人物如《殉猎》中的于掌包、于毛子、于金子，还是作为领导者的《信访局长》中的魏昌明、《选择》中的蔡民。

黎晶文学作品中的美感有时是“非文学”的，他摒弃哗众取宠的过度“夸张”和脱离生活真实的艺术加工，忠实地按生活的本来面目来反映社会、反映人生。

因而，黎晶的文学作品具有一种超越时代局限的认识意义。禁欲主义时代的“文革”中，健康的人们依然保持着人类最自然的冲动。黎晶笔下的女性大都是健康的、坦率的。她们不仅身体健硕，而且具有母性利他的宽容性格与牺牲精神。黎晶小说的性描写没有猥亵，没有卑劣。有的只是对纯朴、健康的生命力的赞美。这种纯朴健康的生命的振动，是我们中华民族赖以延续的根本所在。讴歌健康的女性美，即是讴歌民族的生命力。

对于“官场”，黎晶的描述也具有超越时代的性质。在他的笔下，没有大善没有大恶，没有绝然的好官，也没有纯粹的坏官，区别只在于较好与较坏。

“勿必”，是中国人文精神一种较明显的观念表现，这种描写既具有生活的真实性，又具有哲理的真实性。

无论是写性，还是写官场，作者都无形地透露着追求“和谐”的灵魂。

于掌包宽容了与“老毛子”偷情的妻子，蔡民宽容了排挤自己的政治对手。在残酷的情场与官场上，人们犹在大行宽恕之道，这是呼唤人性的回归，无疑也是作者外威内慈性格的文学化。

作者通过对中下层官场及其人物的描写，真实地反映了几千年来等级观念与官本位思想在中国社会中的影响和作用。通过各种人物本能地按官本位的法则待人处世的现象，揭示出传统观念尚存的合理性与保守性并存、人道与非人道相糅的复杂意义。表现了作者渴望人与人之间更为平等、人民群众更有尊严、官员需更自制而利民的亲民观念。一方面享受着“官本位”带来的优遇，一方面身受着“官本位”造成的压抑，恐怕是作者能如此切实而深刻地认识中国社会的个人原因吧。

我们完全有理由期望并相信，黎晶同志以他的笔将为人民奉献出更多更好的精神食粮，在我国书画和文学史上留下独具光彩的一页。

七

黎晶在短短两年业余时间创作出的大量文学和书画作品，引起了界内诸多专家及社会的震惊。据说，一般人只有四个脑室，但他做过几次医学检查后，医生给了他“可见第五脑室”的结论。黎晶于是自嘲：“如果说我高产，可能我有第五脑室吧。这叫作第五脑室生长文艺”。不管这是真有医学根据还是黎晶的自谦之说，大脑的奇特毕竟只是生理的、非社会性的，关键仍在于作者的人生观和生活精神，否则，“第五脑室”也可用来个人钻营甚至危害社会。而现在，当过市委书记的黎晶，没有当高官；当过房地产大公司法人的黎晶，没有成大款；作为在全国文化中心北京抓文艺工作的领导者之一，他具有歌酒终日优游享受的所有条件，但他毅然走上了一条寂寞漫长、孤灯清凉的文艺创作之路。

于是，黎晶文学成就的重要价值已不限于文学本身，更体现于行为过程的价值——一个壮年的党员领导干部，在忘我的写作过程中所表现的，对祖国、对人民的挚爱，对真理、对民族精魂的求索。这就是他对祖国和人民的赤诚回报。

图书在版编目（CIP）数据

男儿河 / 黎晶著．—南京：译林出版社，2016.1
（黎晶文集）
ISBN 978-7-5447-5965-6

Ⅰ．①男… Ⅱ．①黎… Ⅲ．①中篇小说－小说集－中国－当代
Ⅳ．①I247.5

中国版本图书馆CIP数据核字（2015）第271001号

书　　名 男儿河
作　　者 黎　晶
责任编辑 陆元昶
特约编辑 肖　瑶
出版发行 凤凰出版传媒股份有限公司
译林出版社
集团地址 南京市湖南路1号A楼，邮编：210009
集团网址 http://www.ppm.cn
出版社地址 南京市湖南路1号A楼，邮编：210009
电子邮箱 yilin@yilin.com
出版社网址 http://www.yilin.com
印　　刷 三河市华润印刷有限公司
开　　本 960×640毫米　1/16
印　　张 12.5
字　　数 120千字
版　　次 2016年1月第1版　2016年1月第1次印刷
书　　号 ISBN 978-7-5447-5965-6
定　　价 22.00元